リコピンパワー美味しい活用レシピ
トマト大好き！　健康生活。

　ヨーロッパには昔から、「トマトが赤くなると医者が青くなる」ということわざがありました。真っ赤に色づいたトマトは体に良いことを、人々は経験的に知っていたのでしょう。現在ではトマトのもつパワーが、科学的にも次々に証明されてきています。

　中でも最近注目されているのが、トマトに含まれる「リコピン」という成分です。リコピンとはトマトの赤い色のもととなる色素で、がんをはじめとする生活習慣病の予防や老化抑制に、大きな効果を発揮することが着目されているのです。

　トマトというと、日本では生のものを切って食べるイメージが強いのですが、トマト消費量世界一の国・イタリアでは、肉や魚と煮込んだり、スープにしたり、パスタのソースに使ったりと、火を通して食べるのが主流です。トマトには昆布やかつお節と同じ旨味成分・グルタミン酸が含まれているため、料理に酸味や甘みを与えるだけでなく、コクや深みを引き出し、おいしく仕上げてくれるのを、イタリアの人たちは日常の料理に上手に利用しているといえるでしょう。

　最近ではトマトの栄養と美味しさをギュッと詰め込んだトマトジュースやトマトケチャップ、ホールトマトなどの加工品が普及し、保存がきくうえ、料理にも使いやすく、健康的な食生活の力強い味方になっています。この本ではそんなトマト加工品を利用した、幅広いメニューを取り上げました。トマト味のものだけでなく、風味や酸味だけを活かした料理もあるので、トマトが苦手なお子さんにもおすすめです。トマト加工品を使いこなして、あなたの得意メニューに、ヘルシーでおいしいトマト料理を加えていただければ幸いです。

赤堀博美

Contents

◆ **驚くべきトマトの力**
　……トマトの赤色成分「リコピン」で生活習慣病を予防　4
◆ **「加工用トマト」は栄養いっぱい**……トマト加工品のあれこれ　6

<イタリアン>
　トマトとモッツァレラチーズの豆乳リゾット　8
　イタリアンないか飯　10
　魚介入りパスタ　12
　鰆のトマト風味はさみ揚げ　14
　トマトとアボカドのコロッケ　16
　トマトときのこのカルツォーネ　18
　牛肉とトマトのカルパッチョ　20
　トマトのバーニャカウダ　21
　モッツァレラ・イン・カロッツァ　22
　トマトタルト　23

<中　華>
　手羽先のトマトピューレー入り中華煮　24
　レバー団子のトマト煮込み　26
　牛肉とチンゲンサイのオイスターソース炒めトマト風味　28
　トマト蒸し餃子　30
　鯖の中華トマト煮込み　32
　酸辣湯　34
　トマトあんかけ炒飯　36
　トマトシュウマイ　38
　マーボートマト丼　39
　トマト焼きそば　40
　赤いラーメン　41
　五穀おこげスープ　42
　トマト入り中華コーンスープ　43

<エスニック>
　タンドリーチキン　44
　鶏レバーのアドボン　46
　トマト豆カレー　48
　トマト入り石焼きビビンバ　50

甘辛トマトソースをからめた豚肉丼　52
トマト汁ビーフン　54
トマト風味のサテー　56
お刺身サラダ　トマトソース　58
ソパ・デ・アホ（トマト風味）　59
トマト・トム・ヤム・クン　60
あさりのトマトカレースープ　61

＜おなじみ＞
スペアリブの漬けダレ　62
トマトビーフシチュー　64
卵とトマトのグラタン　66
簡単ミートローフ　68
まぐろのタルタルトマト風味　70
トマト肉じゃが　72
トマトソースかつ丼　74
ソースいらずのハンバーグ　76

焼きおにぎり　77
トマトパイ　78
赤いフレンチトースト　79

＜デザート＆ドリンク＞
トマトレアチーズケーキ　80
白インゲン豆とトマトの羊羹　82
トマトシフォンケーキ　84
揚げシュー　86
トマトミルクレープ　88
トマトコンポート　90
トマト・マチェドニア　92
トマトとベリーのフローズンドリンク　93

◆トマト加工品の保存方法と賞味期限　94

Column
● トマトの名前　16
● トマトの酸味で減塩効果　32
● トマトの起源　35
● トマトのだしで美味しくヘルシーに　36
● 油っこさを和らげ、肉や魚の臭みをカット　44
● ケチャップの語源　46
● トマトががんの発生率を下げる　54
● 二日酔いにはトマトが効果的　62
● トマトソースはイタリアの「おふくろの味」　70
● トマトが食べられるようになった理由　72

驚くべきトマトの力

トマトの赤色成分「リコピン」で生活習慣病を予防

　最近、トマトの赤い色のもと、リコピンが注目を集めています。というのもリコピンには、がんや脳卒中、心筋梗塞、糖尿病などの生活習慣病を予防する効果があることが分かってきたからです。

　生活習慣病の要因には、毎日の食生活や喫煙、飲酒などがあげられますが、ストレスやアルコールの過剰摂取は、別名「悪玉酸素」ともいわれる活性酸素を体内に増やしてしまいます。活性酸素は体の粘膜や細胞まで傷つけてしまう物質で、がん細胞を作る一因になったり、動脈硬化症を引き起こすきっかけを作ったりするのです。

　そこで頼りになるのが、活性酸素を消し去る抗酸化作用をもつリコピンです。これまで抗酸化物質としては、ビタミンCやビタミンEが知られていましたが、リコピンのパワーは強力。なんと、ビタミンEの100倍もの抗酸化力をもっているのです。

トマトに含まれるそのほかの栄養素

■ β-カロチン　体が必要としているときだけ、体内でビタミンAに変化します。ビタミンAは夜盲症を予防したり、皮膚や粘膜、眼の健康、ストレスに対する抵抗力を保つためにも欠かせません。さらにリコピンと同様に、β-カロチンにも抗酸化作用があります。

■ ビタミンC　風邪の予防や治療をはじめ、鉄分の吸収を助けたり、糖尿病の悪化を防ぎます。また、しみやそばかすのもととなるメラニンが生成されるのを抑えたり、ストレスや病気に対する抵抗力を強め、さらには抗酸化作用が生活習慣病の予防にも役立ってくれます。

■ ビタミンE　抗酸化作用があり、老化を予防したり、血液中のリノール酸を増

「リコピン」を上手に吸収するには

●トマトのリコピンパワーがNo.1

リコピンを含む食品には、スイカや柿、ルビーグレープフルーツなどがありますが、その含有量はいずれもトマトにはかないません。また、体に良いといわれる緑黄色野菜の中でも、リコピンを含むのはトマトと金時にんじんだけです。

●油を使った料理で効率良く

リコピンは熱に強いので、火を通しても大丈夫。また、リコピンをはじめとするカロチノイドは脂溶性の栄養成分なので、料理に油を使うことでリコピンの吸収性が高まります。

●加工品を上手に利用して

1日に必要なリコピンの量は15mgといわれていますが、これを生のトマトで摂るにはLサイズのものを2個も食べなければなりません。一方、トマトジュースなら1缶弱、トマトケチャップなら大さじ4杯強です。生トマトと加工品を上手に利用することで、効率的にリコピンを摂り入れましょう。

やし、中性脂肪や動脈についたコレステロールを落とし、動脈硬化を予防します。また、血流を良くしたり、肺を丈夫にして体内の酸素利用を促す働きもあります。

■食物繊維　トマトの食物繊維は、ペクチンという水溶性のもの。一緒に食べた脂肪を吸着して消化吸収を妨げるほか、血糖値や血中コレステロール濃度を低下させる働きもあります。また、腸の働きを活発にし、大腸内の発がん物質をはじめ、さまざまな有害物質を体外へ排出したり、血糖値の急激な上昇を抑えます。

■カリウム　ナトリウムの吸収を抑えて、血圧を含む体内の水分バランスを最適な状態に維持するので、塩分の摂り過ぎによる高血圧を防ぎます。

「加工用トマト」は栄養いっぱい

　トマトには、サラダなどにして食べる「生食用トマト」と、ジュースやケチャップなどの原料となる「加工用トマト」があります。
　加工用トマトには農林水産省が決めた規格があり、樹についたまま完熟したもので、リコピン含量や色の赤みが一定以上のものでなければなりません。また、旬の時季に収穫され、すぐに加工工場でジュースやケチャップなどに加工されるため、新鮮さを保ったまま、さまざまな栄養素がギュッと詰まっているのです。

●「生食用トマト」と「加工用トマト」の違い

	生食用トマト	加工用トマト
栽培法	露地・ビニールハウス （有支柱栽培）	露地 （無支柱栽培）
収穫	ビニールハウスの場合は一年中	真夏のみ
特徴	機械での選別、遠距離輸送を行なうため、熟さないうちに収穫することが多い	真っ赤に熟した旬の時季に収穫し、すぐに加工
栄養	加工用トマトは生食用トマトと比較して、 リコピン3倍　β-カロチン2倍 ビタミンC2倍　食物繊維1.5倍	

トマト加工品のあれこれ

　飲料、調味料、料理素材など、トマトほど加工品の多い野菜はありません。この本で使用するトマト加工品は以下の6種類。生のトマトよりも保存がきき、栄養成分もたっぷりのトマト加工品は、毎日の食生活に取り入れやすい食材です。それぞれの特徴を知って、上手に美味しくトマトのパワーを食卓で活かしましょう。

　＜飲料＞
■トマトジュース（a）
トマトを破砕して搾汁または裏ごしし、皮や種子などを除去したもの。市販されているものの多くは、それに食塩が入っています。そのまま飲むのはもちろん、料理やお菓子づくりにも手軽に使え、ほのかなトマト風味や色をつけたいとき、魚や肉の臭みを消したいときにも便利です。

<調味料>
■**トマトケチャップ（b）**
トマトを裏ごしして濃縮したものに食塩、香辛料、食酢、糖類、玉ねぎ、にんにくなどを加えて調味したもの。料理の味つけやソースによく使われます。

■**トマトソース（c）**
トマトを裏ごしして濃縮したものに、食塩や香辛料を加えたもの。ケチャップより薄めに味つけされているので、パスタソースのベースなどによく使われます。

<調理素材>
■**トマトピューレー（d）**
トマトを裏ごしして濃縮したものに、少量の食塩を加えたもの。ほとんど味がついていないので、幅広い料理に活躍します。

■**トマトペースト（e）**
トマトピューレーをさらに濃縮したもの。ピューレーよりも水分が少ないので濃厚なソースを作りたいときにも長時間煮詰める必要がなく、料理の色が鮮やかに仕上がります。

■**ホールトマト（f）**
トマトの皮をむいて食塩や香辛料などを加え、丸ごと缶やビンに密封した固形のトマトです。ジュースやピューレーと一緒に缶詰めにしたものや、薄い食塩水に浸したものがあります。

このほか、唐辛子の入ったピリ辛のチリソースなどもあります。

<トマト加工品の使い分け>

● **ソースや調味料として味つけに使いたいとき**
→ トマトケチャップ、トマトソース。特に甘みを強く出したいときには、トマトケチャップがよいでしょう。

● **トマトの形を残したいとき**
→ ホールトマト。潰したり、刻んだりして使うこともありますが、いずれにしても果肉が料理に活かせます。

● **トマトの風味をつけたいとき**
→ ペースト、ピューレー、ジュースの順で風味と色が強く出ます。ジュースは手に入りやすく使いやすいですが、味や色が飛びやすいので長時間火を通す煮込み料理などには不向きです。ペーストやピューレーをスープで溶いて、お好みの味に調節して使ってもいいでしょう。

イタリアン

本領発揮のトマト味堪能メニュー

トマトとモッツァレラチーズの豆乳リゾット

ジュース　ホール

イタリアンでお馴染みの米料理、リゾットをトマト風味に仕上げましょう。豆乳がトマトの酸味をまろやかにしてくれます。

材料（4人分）

- 米　1 1/3カップ
- 玉ねぎ　1/4個
- オリーブオイル　大さじ2
- 白ワイン　1/4カップ
- トマトジュース　1カップ
- ホールトマト　1/2カップ
- ブイヨン　2カップ
- 豆乳　1カップ
- 塩・こしょう　各少々
- モッツァレラチーズ（ハード）60g
- バジル　適宜

作り方

① 鍋にオリーブオイルを熱し、みじん切りにした玉ねぎを加えて2〜3分炒める。

② 米はとがずに①に入れてさっと炒め、白ワインを加えて炒める。トマトジュースとホールトマトを徐々に加えながら炒める（写真）。

③ ②にブイヨンを入れ、最後に豆乳を加え混ぜながらアルデンテに煮上げる。塩・こしょうで味をととのえ、すりおろしたモッツァレラチーズを加えてひと混ぜして皿に盛り、バジルの葉を添える。

Cooking Memo

②のトマトジュースとホールトマト、③の豆乳は、一度に加えないように。徐々に加えることで、お米に芯が残り、アルデンテに仕上がります。少し固いようならば、ブイヨンを多めに入れて調節しましょう。

イタリアン

本領発揮のトマト味堪能メニュー

イタリアンないか飯

いつもはだし汁やしょうゆで調味するイカ飯も、トマトで洋風の一品に変身。
いかを煮過ぎず、柔らかく仕上げるのがポイントです。

ソース　ケチャップ

材料（4人分）

- もち米　1カップ
- するめいか（小）4杯
- するめいか・げそ（小）2杯分
- 玉ねぎ　1/4個
- タイム　1枝
- オリーブオイル　大さじ2
- A
  - トマトソース　大さじ3
  - スープ　2/3カップ
  - 塩・こしょう　各少々
- B
  - トマトソース　1カップ
  - スープ　2カップ
  - 白ワイン　大さじ2
  - トマトケチャップ　1/2カップ
  - 塩・こしょう　大さじ1
- バター　大さじ1
- タイム　適宜

作り方

① もち米は洗ってざるに上げ、30分程置く。
② いかはわたと足（げそ）を取り、足は細かく刻む。
③ 玉ねぎはみじん切りに、タイムは葉をつむ。
④ 小鍋にオリーブオイルを熱し、玉ねぎが透き通るまで炒める。
⑤ ④にタイムとAを入れひと煮たちしたら②を加える。2～3分煮て火を止めそのまま冷ます。
⑥ ①に⑤を加えて30分程つけてから、いかの胴に7分目まで詰め（写真）、楊枝で止める。
⑦ 鍋にBを煮立てて⑥を入れ、落としぶたをして弱火で30分煮る。さらに裏返して30分煮る。
⑧ いかを切って盛りつける。⑦の煮汁にバターを溶かし混ぜていかにかけ、タイムを添える。

Cooking Memo

いかに詰める米の量は、多過ぎると固くなり、少な過ぎると切るときにポロポロになってしまいます。

イタリアン

本領発揮のトマト味堪能メニュー

魚介入りパスタ

ジュース　ペースト　ホール

トマト入りのパスタは市販のものもありますが、手づくりすれば一層豊かな風味が楽しめます。魚介類とトマトの相性も抜群。気になる臭みも消してくれます。

材料（4人分）

A
- 強力粉　300ｇ
- 塩　小さじ1
- オリーブオイル　大さじ1
- トマトジュース　小さじ2
- トマトペースト　大さじ4
- 卵（大）2個

打ち粉　適宜
塩　適宜
ブラックタイガー　8尾
するめいか（小）1杯
ムール貝　8個
にんにく　1片
白ワイン　1/4カップ
ホールトマト　1 1/2カップ
オリーブオイル　大さじ1
塩・こしょう　各少々
チャービル　適宜

作り方

① Aの材料でフェットチーネを作る。
　1　ボウルに強力粉を入れてくぼみを作り、塩・オリーブオイル・トマトジュース・トマトペースト・溶き卵を加え手でこねてまとめる。
　2　1を台に取り出し、粉っぽさがなくなるまで5〜6分こねる（写真）。
　3　2をまとめてラップで包み、冷蔵庫で1時間位休ませる。台に打ち粉をして、めん棒で2mm位の厚さに伸ばし、端から7mm位の幅に切り、打ち粉をしてほぐしておく。
② ブラックタイガーは背わたを取る。いかは足を抜いてわたと軟骨を除き、皮をむいて胴は1cm幅の輪切りにする。ムール貝はよく洗っておく。
③ フライパンにオリーブオイルを熱し、みじん切りにしたにんにくを炒め、香りが立ったら②と白ワインを加え炒め、ふたをする。
④ ③のムール貝が開いたら、ホールトマトを手で潰しながら加えて混ぜ合わせる。
⑤ 塩を加えたたっぷりの熱湯で①のパスタをアルデンテに茹でる。
⑥ ④に⑤を加えてさっと混ぜ、塩・こしょうで味をととのえチャービルを添える。

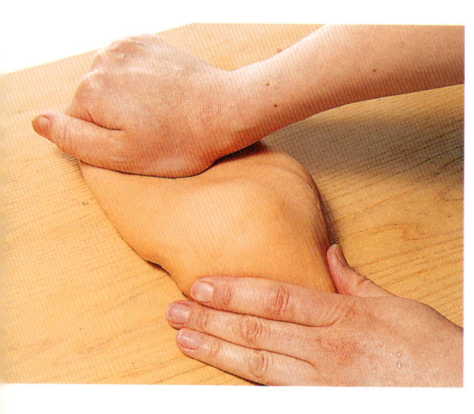

Cooking Memo
パスタは多めに作って一人分ずつラップし、冷凍保存しておくと便利です。

イタリアン

本領発揮のトマト味堪能メニュー

鰆のトマト風味はさみ揚げ ピューレー

トマトとレーズンの甘酸っぱいソースが、あっさり味の鰆とよく合います。鰆を鯖や鯛に、レーズンをほかのドライフルーツに代えても美味しくできます。

材料（4人分）

- 鰆　半身1枚
- 塩　少々
- 小麦粉　適宜
- 玉ねぎ　1/4個
- ポルチーニ茸（乾燥）5g
- レーズン　大さじ1
- オリーブオイル　大さじ1
- A
  - パン粉　1/2カップ
  - 松の実　大さじ2
  - 粉チーズ　大さじ2
  - トマトピューレー　1/3カップ
  - 塩・こしょう　各少々
- B
  - 卵　2個
  - 薄力粉　大さじ2
- 揚げ油　適宜
- ローズマリー　適宜

作り方

① 鰆は4つにそぎ切りにして観音開きにし、塩を振り内側に小麦粉をまぶす。
② 玉ねぎはみじん切り、ポルチーニ茸は水で戻してみじん切り、レーズンもみじん切りにする。
③ フライパンにオリーブオイルを熱し、②を順に炒めて冷ましておく。
④ ③とAを混ぜ合わせ①に挟んで包み込み（写真）、全体に小麦粉をまぶす。
⑤ 揚げ油を中温に熱し、Bをくぐらせた④を揚げる。
⑥ ⑤を器に盛り、ローズマリーを添える。

Cooking Memo

鰆を観音開きにするのが難しければ、細長く切ってソースをのせ、巻いてしまっても構いません。ただしその場合は、小麦粉と卵を混ぜ合わせた衣を厚めにつけ、開かないようにしましょう。楊枝で止めてもOKです。

イタリアン

本領発揮のトマト味堪能メニュー

トマトとアボカドのコロッケ

トマト味に煮上げた米にアボカドを詰めたライスコロッケは、色鮮やかでお弁当にもおすすめ。
ブイヨンを多めにすれば、ピューレーの代わりにペーストでも作れます。

ピューレー

材料（4人分）

- 米　1カップ
- 玉ねぎ　1/8個
- バター　大さじ1
- 白ワイン　1/2カップ
- A ┌ ブイヨン　3カップ
　　└ トマトピューレー　1カップ
- バター　大さじ2
- パルメザンチーズ　大さじ4
- 塩・こしょう　各少々
- アボカド　1/2個
- レモン汁　少々
- 小麦粉・卵・パン粉　各適宜
- 揚げ油　適宜

作り方

① 玉ねぎはみじん切りにする。アボカドは2cm角に切り、レモン汁を振りかける。
② 鍋にバターを熱し玉ねぎを炒めて米を加える。米が透き通ったら白ワインを加え、アルコールを飛ばす。
③ ②にAを少しずつ加えてかき混ぜながら20分程煮て、塩・こしょうする。火から下ろしバターとパルメザンチーズを加え混ぜ、冷ます。
④ ③を8等分にしてボール状に丸め、中心にアボカドを詰める（写真）。
⑤ 小麦粉・卵・パン粉の順につけ、180℃の油で揚げる。

Column

● **トマトの名前**

トマトの学名（栽培種）はLycopersicon esculentum（リコペルシコン　エスクレンタム）。Lycosは狼、Persiconは桃、esculentumは食べられる、つまり「食べられる狼の桃」という意味です。またトマトにはさまざまな愛称があり、イギリスでは「愛のリンゴ」、ドイツでは「天国のリンゴ」などと呼ばれています。

イタリアン

本領発揮の**トマト**味堪能メニュー

トマトときのこの
カルツォーネ ケチャップ

ピザ生地でケチャップと具材をはさんで半月型に折った、ふっくらとしたピザです。強めの火で一気に焼き上げましょう。

材料（4人分）

- A
  - 強力粉　250g
  - ドライイースト　6g
  - 塩　少々
  - オリーブオイル　大さじ1/2
  - ぬるま湯　2/3カップ
- トマト（小）1個
- しめじ　1/2パック
- エリンギ（小）2本
- ベーコン　3枚
- バジル（葉）4枚
- にんにく　1片
- ピザ用チーズ　140g
- トマトケチャップ　大さじ4
- オリーブオイル　適宜
- 塩・こしょう　各少々

作り方

① Aの材料でカルツォーネの生地を作る。
　1　ボウルに強力粉をふるい入れ、イースト・塩・オリーブオイルを加えぬるま湯を注ぎ入れる。手で全体を混ぜ合わせ、ひとまとめにする。
　2　生地を台に出し、手のひらに体重をかけながら表面がなめらかになるまで7～8分こねる。
　3　丸くまとめ、きれいなボウルに入れてラップをし、暖かい場所に置いて約2倍の大きさになるまで発酵させる。

② トマトは1cm角に切る。しめじは石づきを取り小房に分ける。エリンギは石づきを取り半分の長さにし、6～8つ割りにする。ベーコンは1cm幅の短冊に切る。バジルは手でちぎる。にんにくはみじん切りにする。

③ ①の発酵が終わったらガス抜きをし、台に移して手で軽く押さえて平らにして4等分に切り分ける。1つずつ丸め手のひらで押さえ、めん棒で3mm厚さの円形に伸ばす。

④ ③の半分側に周囲は1cm程残してケチャップを塗り、4等分にした②とピザ用チーズをのせ、塩・こしょうして生地を2つ折りにする（写真）。端からフォークなどでひだを作り、しっかりと閉じる。表面にオリーブオイルを塗り250℃に温めたオーブンで10分程焼く。

イタリアン

本領発揮のトマト味堪能メニュー

牛肉とトマトのカルパッチョ

鮮やかな色のカルパッチョは、簡単なのにおもてなしにもぴったり。
生トマトではなくホールトマトを使うことで、
酸味が柔らかく、味の馴染みも良くなります。

ホール

材料（4人分）

- 牛もも薄切り肉　100ｇ
- ホールトマト　1缶
- 玉ねぎ　適宜
- イタリアンパセリ　適宜
- A ┌ ジェノバペースト（市販）　大さじ3
    └ マヨネーズ　大さじ2

作り方

① 牛肉はひと口大に切り、破けないようにたたいてさらに薄くする。
② ホールトマトは縦半分に切って種を取り、そぎ切りにする。
③ 玉ねぎは薄切りにし、ちぎったイタリアンパセリを混ぜ合わせる。
④ ①②③を皿に盛り、合わせたAをかける。

トマトのバーニャカウダ ペースト

にんにくの風味とアンチョビーの塩気がきいた熱々のソースに、生野菜をつけて食べます。
アンチョビーを細かく刻むことで、ソースの味が均一になります。

材料（4人分）

- アンチョビーフィレ　6切
- にんにくのみじん切り　大さじ1
- トマトペースト　大さじ2
- オリーブオイル　1カップ
- 赤・黄・オレンジパプリカ　各1/2個
- アンディーブ　8枚
- ラディッシュ　4個
- アスパラガス　4本
- セロリ　1本

作り方

① アンチョビーは細かいみじん切りにする。
② 小鍋にオリーブオイル・アンチョビー・にんにく・トマトペーストを入れて弱火にかける。焦げないようにしながら充分に香りを出す。
③ パプリカは1cm厚さのくし切りにする。アンディーブは食べやすく切る。セロリは筋を取りスティック状に切る。アスパラガスは塩茹でする。
④ 野菜を彩り良く盛りつけ、熱々の②をつけて食べる。

イタリアン

本領発揮のトマト味堪能メニュー

モッツァレラ・イン・カロッツァ

ホール

牛乳で湿らせた食パンにチーズとトマトをはさんで、
色良く揚げましょう。
とろりとしたチーズの濃厚な味と、トマトの酸味の組み合わせが絶妙です。

材料（4人分）

- 食パン（8枚切り）　8枚
- ホールトマト　1缶
- モッツァレラ　1個
- アンチョビーフィレ　4枚
- バジル　8枚
- 牛乳　大さじ8
- 小麦粉・溶き卵　各適宜
- 揚げ油　適宜
- 塩　少々
- イタリアンパセリ　適宜

作り方

① 食パンは耳を切り落とし半分に切り、皿に並べ牛乳で湿らせる。
② ホールトマトは縦半分に切り種を取る。
③ モッツァレラは8枚に切り、アンチョビーは半分に切る。
④ ①に②③とバジルをのせ、もう1枚のパンではさみ周囲を指でつまんで開かないようにくっつける。
⑤ ④に小麦粉をまぶし溶き卵をからめる。
⑥ 揚げ油を170℃に熱し⑤を入れ、こんがりと揚げる。
⑦ 塩を振って皿に盛り、イタリアンパセリを飾る。

トマトタルト ジュース

トマトジュースでさっぱり味に仕上げたタルトは、軽食やおやつにおすすめ。
焼くときに焦げてきたら、上にホイルをかけてじっくりと下から火を通しましょう。

材料（8cmのタルト型8個分）

- 冷凍パイシート　3枚
- じゃがいも　1個
- 玉ねぎ　1/6個
- ハム　1枚
- パセリのみじん切り　大さじ1
- グリュイエルチーズ　15g
- A
  - トマトジュース　1/3カップ
  - 生クリーム　2/3カップ
  - 卵　1/2個
  - 卵黄　1個分
- 薄力粉　大さじ1/2
- バター　大さじ1/2

作り方

① パイシートをタルト型に敷き、フォークで穴を数箇所あけて冷蔵庫で冷やす。
② じゃがいもは鍋で柔らかくなるまで茹でて皮をむき、フォークで細かくほぐす。
③ 玉ねぎは薄切り、ハムは5mm角に切る。
④ フライパンにバターを熱し③を順に炒め、②も加え炒めて冷ます。
⑤ ボウルにAを合わせ、最後に薄力粉を加え混ぜる。
⑥ ①に④とパセリのみじん切り、グリュイエルチーズを詰め、⑤を注ぎ入れ180℃のオーブンで20～25分焼く。

中華

風味豊かで食欲増進

手羽先のトマトピューレー入り中華煮 _{ピューレー}

手羽先肉を鶏ガラスープとピューレーで煮込んだ、中華風のおかずです。30分くらいかけてじっくり煮込めば、酸味で肉が柔らかくなり、骨離れも良くなります。

材料（4人分）

- 鶏手羽先　8本
- 長ねぎ　5cm長さ
- しょうが　1片
- ごま油　大さじ2
- ターツァイ　1株
- 鶏ガラスープ　3カップ
- A
  - 砂糖・酒　各大さじ3
  - トマトピューレー　1/3カップ
  - しょうゆ　大さじ2
  - 塩・こしょう　各少々
- 水溶き片栗粉　大さじ1

作り方

① 長ねぎとしょうがをみじん切りにする。
② 鍋にごま油を熱して①を炒め、香りが立ったら手羽先を並べ入れて両面を軽く焼く（写真）。
③ ②に鶏ガラスープを加え、アクを取りながら柔らかくなるまで煮込む。
④ ③にAを合わせ入れ弱火でさらに煮たら、水溶き片栗粉でとろみをつけて器に盛り、茹でたターツァイを添える。

Cooking Memo

鉄鍋で長時間煮込むとトマトの色が抜けてしまうのでホーロー鍋で調理しましょう。

中華

風味豊かで食欲増進

レバー団子の
トマト煮込み

臭み消しの効果があるトマトの煮込み料理なら、レバーが苦手な人にもおすすめ。甘酸っぱい味付けで、食欲も進みます。

ソース

材料（4人分）

豚レバー　100g
豚挽き肉　200g
A ┌ ねぎ（みじん切り）5cm長さ分
　├ しょうが（みじん切り）2片分
　├ しょうゆ・酒　各大さじ1/2
　├ 片栗粉　大さじ2
　└ 塩　小さじ1/2
揚げ油　適宜
にんにくの芽　5本
玉ねぎ　1個
ヤングコーン（水煮）12本
B ┌ トマトソース　1缶
　├ 酢　大さじ5
　├ 砂糖　大さじ2
　└ しょうゆ　大さじ2

作り方

① 豚レバーはひと口大のそぎ切りにして水に浸し、血抜きをする（途中3〜4回水を換えながら20分程）。
② ①を熱湯でさっと茹で、包丁で細かく刻む。豚挽き肉とAを加えかき混ぜる。
③ にんにくの芽は4cm長さに切り、玉ねぎはくし形に切る。
④ 揚げ油を低温に熱し③を油通しする。温度を中温に上げ②を団子状にし、表面の色が変わるまで揚げる（写真）。
⑤ 鍋にBを入れ煮立ったら④と半分の長さに切ったヤングコーンを加えて中火にし、肉に火が通るまで煮込む。

Cooking Memo
レバー団子は煮込む前に揚げておくことで、形良く仕上がります。

中華

風味豊かで食欲増進

牛肉とチンゲン菜の
オイスターソース炒めトマト風味

油っこい炒めものにトマトの酸味がさっぱり風味を添えます。
生トマトが潰れて水っぽくならないように、
手早くサッと炒めるのがコツです。

ピューレー

材料（4人分）

牛薄切り肉　300g
酒・しょうゆ　各小さじ1
片栗粉　大さじ1
チンゲン菜　3株
トマト（中）2個
長ねぎ　1/2本
しょうが　1片
サラダ油　大さじ3

A ┬ トマトピューレー　大さじ2
　├ 中華スープ　大さじ3
　├ 酒　大さじ2
　├ 砂糖　大さじ1 1/2
　├ しょうゆ　大さじ2/3
　└ オイスターソース　大さじ3

作り方

① 牛肉はひと口大に切り酒・しょうゆで下味を付け、片栗粉をまぶす。
② チンゲン菜は葉と茎に分けて切り、茎は6等分に切る。
③ トマトは湯むきして（写真）横半分に切って種を取り、12等分に切る。
④ 長ねぎは斜め薄切り、しょうがは薄切りにする。
⑤ フライパンに油と④を入れ火にかけ、香りが立ったら①を加えて炒め、さらにチンゲン菜の茎を加えて炒める。
⑥ Aを鍋肌から加え炒め、チンゲン菜の葉とトマトを入れてひと混ぜする。

Cooking Memo

生トマトをそのまま料理に使用すると皮が残って食感が悪くなってしまいます。下記のように湯むきすれば、きれいに皮がむけます。

1　トマトのへたを取り、皮に包丁で十字に切り込みを入れ、熱湯にさっとくぐらせる。
2　すぐに氷水に移し、手で皮をむく。

中華

風味豊かで食欲増進

トマト蒸し餃子 ジュース

皮にトマトジュースを練り込み、赤い色が愛らしい餃子を作りましょう。具にも生トマトを入れると、ジューシーな仕上がりです。

材料（4人分）

強力粉　80ｇ
薄力粉　80ｇ
トマトジュース　1/3カップ
湯　大さじ2
打ち粉　適宜
豚挽き肉　150ｇ
白菜　200ｇ
しょうが　1片
パセリ　1/2枝
トマト（小）1/2個
A ┌ 酒　小さじ1
　├ 塩・しょうゆ　各小さじ1/2
　└ 砂糖・ごま油　各小さじ1
黄にら　適宜
辛子しょうゆ・酢しょうゆ　各適宜

作り方

① ボウルに強力粉と薄力粉を入れ、トマトジュースと湯を加えてよくこね、ラップをして約30分寝かせる（写真）。
② ①を24等分に切って打ち粉をしながら丸く伸ばす。
③ 白菜は茹でてみじん切りにし水気を絞る。しょうがはみじん切り、パセリはみじん切りにして水にさらし、水気を絞る。
④ トマトは湯むきして種を除き5mm角位に切り、水気をしっかり拭いておく。
⑤ ボウルに挽き肉と③④、Ａを入れて練り混ぜ、24等分にする。
⑥ ②の皮で⑤を包みオーブンシートを敷いたせいろに並べ、黄にらを添えて強火で7〜8分蒸す。辛子しょうゆ・酢しょうゆをつけて食べる。

Cooking Memo
・生地はしっかり寝かせることで、伸びやすくなります。
・白菜は茹でた後、水気が少し残る程度に絞りましょう。

中華

風味豊かで食欲増進

鯖の中華トマト煮込み

ピューレー

鯖とトマトは相性の良い組み合わせ。
トマトが魚臭さを消してくれますが、
さらに中国の山椒・花椒や八角を加え、風味豊かに煮込みます。

材料（4人分）

鯖の切身　4切
塩　少々
片栗粉　少々
大根　1/3本
長ねぎ　1/3本
しょうが　1片
A ┌ 花椒　大さじ1/2
　├ 八角　2個
　└ ナツメグ　少々
サラダ油　大さじ4
B ┌ 水　3カップ
　├ トマトピューレー　1カップ
　├ 砂糖　大さじ3
　└ しょうゆ　大さじ6
水溶き片栗粉　大さじ1
揚げ油　適宜
豆苗　適宜

Column
● トマトの酸味で減塩効果
　トマトのまろやかな酸味は、素材の持ち味を引き出してくれます。そのため、塩分をあまり加えなくても豊かな味わいが生まれ、美味しく食べながら、塩分の摂り過ぎを防ぐことができるのです。

作り方

① 鯖に塩を振り片栗粉をまぶす。大根はひと口大の乱切りにする。
② 揚げ油を熱し①を油通しする。
③ 長ねぎは小口切り、しょうがは薄切りにする。
④ 鍋に油と③を入れ火にかけ、香りが立ったらAを入れ、さらに香りが立ったら②を加える。
⑤ ④にBを注ぎ入れ、煮立ったら火を弱めアクを取りながら15分程煮る（写真）。水溶き片栗粉でとろみをつける。
⑥ ⑤を器に盛り付け、茹でた豆苗を添える。

中 華

風味豊かで食欲増進

酸辣湯 (サンラータン) ホール

お酢のきいた酢っぱくて辛いスープにトマトを加えると、不思議なことに酸味がまろやかになります。食欲増進にも効果を発揮するスープです。

材料（4人分）

絹ごし豆腐　1/4丁
干ししいたけ　2枚
きくらげ　4g
たけのこ水煮　70g
みつ葉　3〜4本
鶏ささみ肉　1本
卵　1個
スープ　4カップ
ホールトマト　1缶
A ┌ 酒　大さじ1
　│ 砂糖　大さじ1
　│ 塩　大さじ1/2
　│ 酢　大さじ1/2
　└ しょうゆ　大さじ1/2
水溶き片栗粉　大さじ2
こしょう　少々

作り方

① 豆腐は5mm幅のせん切り、干ししいたけは戻して石づきを取り細切り、戻したきくらげとたけのこはせん切りにする。みつ葉は3cm長さに切る。
② 鶏ささみは筋を取り、せん切りにして片栗粉（分量外）をまぶす。
③ 卵は割りほぐす。
④ 鍋にスープを煮立て鶏ささみを加えてアクを取り、ホールトマトは手で細かく潰して缶の中のトマトジュースとともに加え（写真）、みつ葉以外の①とAを加える。
⑤ 煮立ったら水溶き片栗粉を加えて卵を流し入れ、みつ葉を散らし、こしょうを振る。

Cooking Memo
Aの調味料は仕上げに加え、あまり煮立てないようにしましょう。

● トマトの起源

さまざまな説がありますが、有力なのはペルーで自生していたトマトが10世紀頃にメキシコに伝えられ、栽培されるようになったというものです。その後、16世紀初頭にヨーロッパへ渡り、やがて世界各地に広まりました。しかし、当時はあくまでも観賞用。食べ物として栽培されるようになったのは18世紀になってからのこととされています。日本には17世紀の終わり頃にヨーロッパを経て紹介されたと考えられていますが、やはり初めは観賞用として育てられ、「唐ガキ」「唐なすび」などと呼ばれて異国情緒を楽しむ植物として扱われていたようです。

中華
風味豊かで食欲増進

トマトあんかけ炒飯　ケチャップ

えびがたっぷりのとろっとしたあんをかけた、ちょっぴり豪華な炒飯です。魚介類と合う味付けなので、いかや白身魚を入れてもいいでしょう。

材料（4人分）

- 白飯　800g
- 卵　3個
- ねぎ（みじん切り）　1/2本分
- ラード　大さじ2
- A ┌ 塩・こしょう　各少々
　　└ しょうゆ　少々
- サラダ油　大さじ2
- グリーンピース（冷凍）　大さじ2
- むきえび（大）　200g
- B ┌ 赤唐辛子（小口切り）　1本分
　　├ ねぎ（みじん切り）　1/2本分
　　├ しょうが（みじん切り）　2片分
　　└ にんにく（みじん切り）　2片分
- C ┌ 砂糖・しょうゆ・酒　各大さじ2
　　├ トマトケチャップ　大さじ4
　　└ 中華スープ　1/2カップ
- 水溶き片栗粉　適宜

作り方

① フライパンにラード大さじ1を熱し溶いた卵を入れて大きくかき混ぜ、半熟の状態で別皿に取る。

② ①のフライパンにラード大さじ1を足し、ねぎを炒める。香りが立ったら白飯を加え炒める。取り出した卵を戻し入れてさらに炒め、Aで味をととのえる。

③ 別のフライパンにサラダ油を熱しBを炒める。むきえびを加え炒め、色が変わったらグリーンピースとCを加える。煮立ったら水溶き片栗粉でとろみをつける（写真）。

④ 一皿ごとに②を盛り③をかける。

Column
●トマトのだしで美味しくヘルシーに

　世界一のトマト消費国・イタリアでは、トマトを生で食べるのは稀。パスタやピザ、煮込み料理やスープにトマトをたっぷり使い、トマトに含まれる旨味成分・グルタミン酸を利用して美味しさを引き出します。ちなみに、イタリアの代表的なトマト、サンマルツァーノには、生の昆布を上回るグルタミン酸が含まれています。

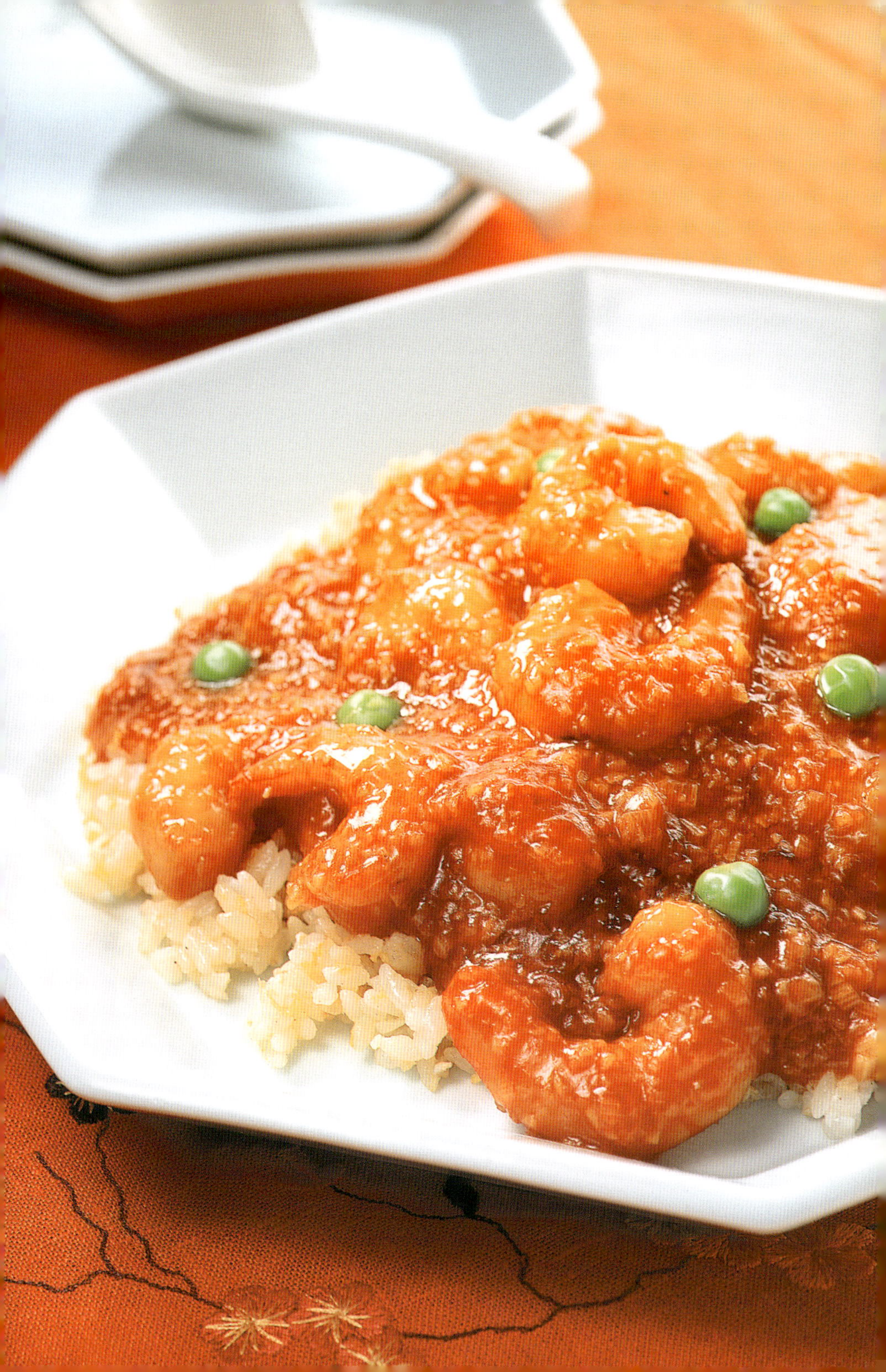

中華

風味豊かで食欲増進

トマトシュウマイ

ペースト

具にペーストを練り込んで作るシュウマイは、ほのかな酸味が特徴。挽き肉だけでもおいしくできますが、むきえびを入れるとあっさりとした味になります。

材料（4人分）

- むきえび　100g
- 豚挽き肉　200g
- 長ねぎ　1/2本
- トマトペースト　大さじ3
- シュウマイの皮　20枚
- グリーンピース　20粒
- A
  - 片栗粉　大さじ3
  - しょうゆ　小さじ2
  - 砂糖　小さじ1
  - 塩・こしょう　各少々
  - ごま油　小さじ1
- 辛子しょうゆ　適宜

作り方

① むきえびは粗く刻んで包丁でたたいておく。
② 長ねぎはみじん切りにする。
③ ボウルに①②と挽き肉・トマトペースト・Aを加えて粘りが出るまでしっかりと混ぜる。
④ ③を20等分してシュウマイの皮で包み、オーブンペーパーを敷いたせいろに並べ、茹でたグリーンピースを飾る。
⑤ 湯を沸騰させた中華鍋にせいろをのせ強火で7〜8分蒸し、辛子しょうゆをつけて食べる。

Cooking Memo

③では粘りが出るくらいまでしっかり混ぜましょう。混ぜ方が足りないと、形が崩れてしまいます。

マーボートマト丼 ペースト

ピリッと辛いマーボー豆腐にトマトペーストを加えると、まろやかな味になります。トマトと挽き肉、ご飯の相性抜群の組み合わせで、食欲そそる一品です。

材料（4人分）

豚挽き肉　200ｇ
木綿豆腐　1丁
トマト（中）2個
にんにく　1片
長ねぎ　1/3本
豆鼓　20ｇ
片栗粉　小さじ2
ラード　大さじ2

A
- 中華スープ　1カップ
- 八丁味噌　大さじ1
- トマトペースト　大さじ2
- しょうゆ　小さじ2
- 酒　大さじ1
- 砂糖　小さじ1
- 塩　小さじ1
- ごま油　小さじ1

白飯　丼4杯分
万能ねぎ　適宜
粉山椒　適宜

作り方

① 豆腐は2cm角に切り熱湯で茹で、水気を切っておく。
② トマトは湯むきして種を取り、2cm角に切る。
③ にんにく・長ねぎはみじん切り、豆鼓は粗みじん切りにする。
④ 鍋にラードを熱しにんにくをさっと炒め、豚挽き肉を加えて炒める。Aと豆鼓、①②を入れてとろ火で煮汁が濃くなるまで煮込む。
⑤ 水溶き片栗粉でとろみをつけ、長ねぎのみじん切りを入れてひと混ぜする。
⑥ 温かい白飯を丼に盛り⑤をかけ、万能ねぎの小口切りを散らしてお好みで粉山椒を振る。

中華
風味豊かで食欲増進

トマト焼きそば

ケチャップをちょっと加えるだけでソースの辛さが和らぎます。具をたっぷり入れて、強火で手早く仕上げましょう。

ケチャップ

材料（4人分）

- 中華蒸しめん　4玉
- むきえび　12尾
- 豚ばら薄切り肉　150g
- たけのこ水煮（小）1個
- もやし　200g
- ニラ　1/4束
- サラダ油　大さじ4
- 塩・こしょう・酒　各少々

A
- トマトケチャップ　2/3カップ
- ウスターソース　大さじ4
- 豆板醤　大さじ1
- しょうゆ　大さじ1
- 酢　小さじ2
- ごま油　小さじ2
- しょうが（みじん切り）1片分
- ねぎ（みじん切り）5cm長さ分

作り方

① 豚肉はひと口大、たけのこは5mm厚さ、ニラは4cm長さに切る。もやしは根をつむ。
② フライパンにサラダ油大さじ2を熱し豚肉、えびの順に炒め、塩・こしょう・酒を振る。
③ たけのこともやしを加えてひと炒めし、中華めんをほぐしながら加え炒める。
④ Aを鍋肌から加え全体によく馴染んだら、ニラを加えてひと炒めする。

赤いラーメン　ホール　ジュース

ホールトマトとジュース入りのラーメンは、赤いスープがユニーク。
豚肉やキムチとも相性が良く、あっさりとした味つけです。

材料（4人分）

豚ばら薄切り肉　100g
キムチ　150g
空心菜　1袋
塩・こしょう　各少々
ごま油　大さじ2
中華生めん　4玉
白すりごま　大さじ2
長ねぎ　10cm長さ
ホールトマト　1缶
ごま油　適宜

A ┌ 中華スープ　7カップ
　├ トマトジュース　2カップ
　├ 酒　大さじ1
　├ しょうゆ　大さじ4
　├ 塩　小さじ1
　└ 粗挽きこしょう　少々

作り方

① 豚肉はひと口大に切り、ごま油大さじ1を熱したフライパンで炒め、キムチも加えてさっと炒め塩・こしょうして一度取り出しておく。
② フライパンにごま油大さじ1を熱し、4cm長さに切った空心菜を色良く炒めて塩・こしょうで味付けする。
③ 長ねぎは半分に切り白髪ねぎにする。ホールトマトはひと口大に切る。
④ 中華めんはたっぷりの湯で茹で、水気を切っておく。
⑤ 鍋にAを入れて煮立て、味をととのえる。
⑥ 丼に④を盛り⑤のスープを注いで①②をのせる。白髪ねぎを添えて白ごまを振り、ごま油をかけて食べる。

中華

風味豊かで食欲増進

五穀おこげスープ ジュース

熱々のスープにパリパリの香ばしいおこげを入れて食べましょう。
おこげは多めに作って冷凍しておいてもOK！

材料（4人分）

赤米・もちきび・そばの実・あわ
合わせて1/4カップ
米　1カップ
A ┌ トマトジュース　2/3カップ
　 └ 水　1/2カップ
しょうが　1片
干ししいたけ　2枚
にんじん　3cm長さ
たけのこ水煮（小）　1/2個
ごま油　大さじ1
B ┌ 中華スープ　4 1/2カップ
　 ├ 紹興酒　大さじ3
　 └ 薄口しょうゆ　大さじ3
塩・こしょう　各少々
酢　大さじ3
クコの実　適宜
白髪ねぎ　適宜

作り方

① 穀類は洗い水気を切る。Aと一緒に炊飯器に入れて2時間置き、炊飯する。
② ①をひと口大ずつ軽く丸めてラップにはさみ、めん棒で薄く伸ばす（写真）。クッキングシートを敷いた天板に並べ、150℃のオーブンで30分焼く。
③ しょうがはみじん切り、干ししいたけは戻して薄切り、にんじんは3cm長さの短冊切り、たけのこは3cm長さの薄切りにする。
④ 鍋にごま油を熱し③を順に炒め、Bを加えて煮立て塩・こしょうで味をととのえる。酢を加えてひと混ぜし、火を止める。
⑤ 丼に④を入れ、戻したクコの実・白髪ねぎを飾る。②を入れて食べる。

トマト入り中華コーンスープ

トマトの酸味とコーンの甘みが合体した、優しい味のスープです。
卵は泡立器でかき混ぜるとふわっとキレイに散ります。
煮立てると分離するので注意。

ホール

材料（4人分）

- ホールトマト　1/2缶
- 玉ねぎ　1/4個
- コーン（クリームタイプ）200g
- 卵　2個
- サラダ油　大さじ1
- 鶏ガラスープ　4カップ
- A ┌ 酒　大さじ1
　　├ 塩　小さじ1
　　└ こしょう　少々
- 水溶き片栗粉　大さじ1
- パセリ（みじん切り）適宜

作り方

① 玉ねぎはみじん切りにする。

② 鍋にサラダ油を熱して①を炒め、透き通ってきたらホールトマトを加えて木ベラで潰しながらさっと炒める。

③ ②にスープを注ぎ煮立ったらコーンを加え、再び煮立ったところでAを加えて味をととのえる。

④ ③に水溶き片栗粉でとろみをつけ、泡立て器でかき混ぜながら溶きほぐした卵を少しずつ流し入れる。器に盛ってパセリのみじん切りを散らす。

エスニック

辛さを和らげ まろやかに

タンドリーチキン

ジュース ペースト

食べごたえたっぷりの骨付き肉に、
トマト味のタレを塗って焼き上げます。
じっくり漬けて、ゆっくり焼き上げるのが、おいしさの秘訣です。

材料（4人分）

鶏骨付きもも肉　4本
玉ねぎ　1/2個
しょうが　1片
にんにく　2片
A ┌ トマトジュース　1/4カップ
　├ トマトペースト　大さじ3
　├ カレー粉　大さじ1
　├ ヨーグルト（プレーン）1/2カップ
　└ 塩・黒こしょう　各少々
サニーレタス・レモン　各適宜

作り方

① 玉ねぎ・しょうが・にんにくはすりおろし、Aと合わせる。
② 鶏肉は皮をフォークで数箇所刺して穴をあけ（写真）、①に数時間漬けておく。
③ 天板に②を並べ、200℃のオーブンで30分ほど焼く。表面が乾いたら残った漬けダレを塗りながら焼く。
④ サニーレタスやレモンと一緒に皿に盛る。

Column

● 油っこさを和らげ、肉や魚の臭みをカット

　肉料理などの油っこい料理にトマトを入れると、クエン酸やリンゴ酸などが生み出す酸味で、油っこさが緩和されます。また、トマトには魚や肉、クセの強い野菜の匂いをカットする作用があるので、一緒に煮込んだり、タレやソースに加えると、気になる匂いが和らぎ風味豊かに仕上がります。

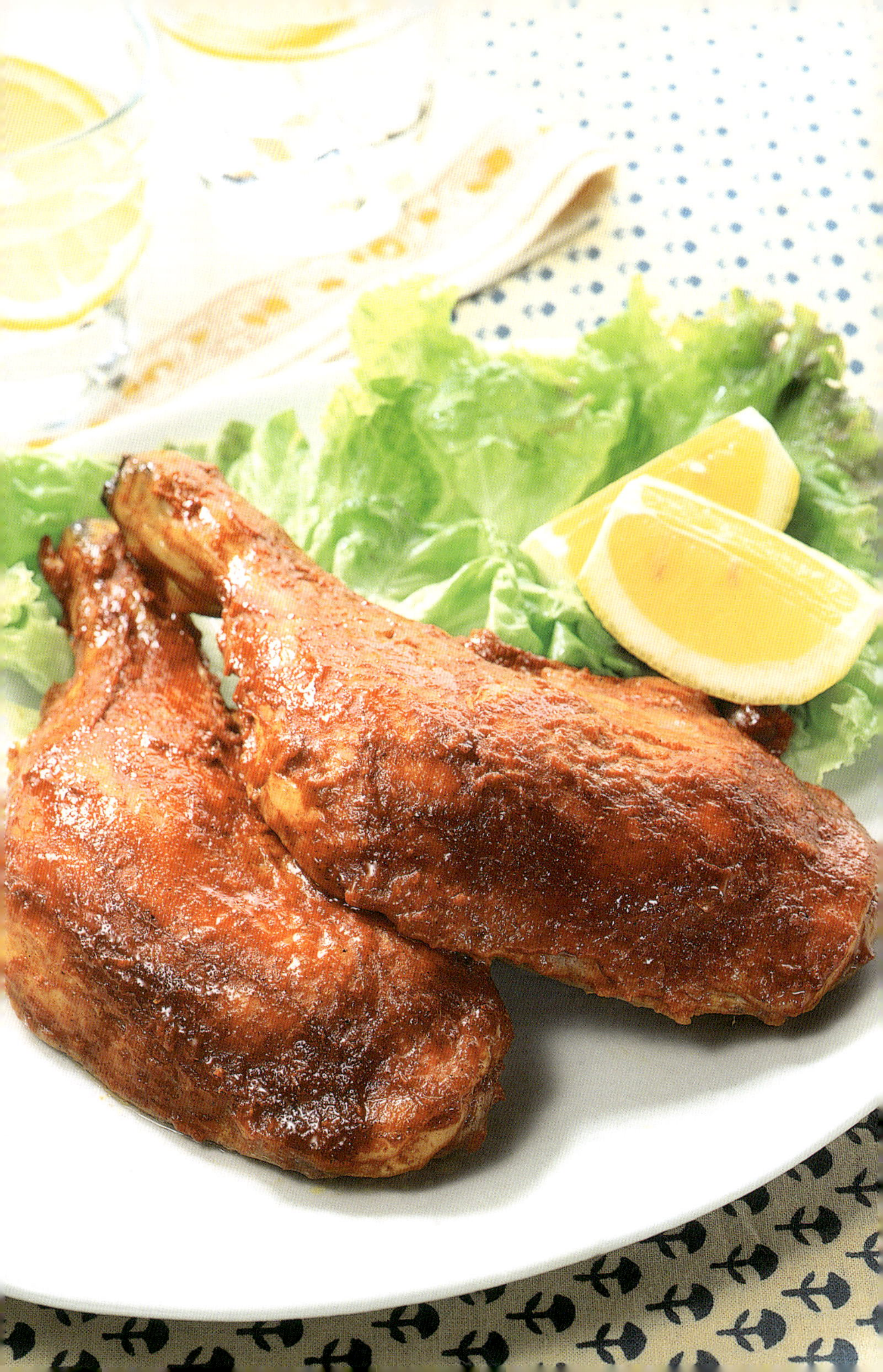

エスニック

辛さを和らげ まろやかに

鶏レバーのアドボン

ケチャップ

酢としょうゆで煮込むアドボンにケチャップをプラス。
肉が柔らかくなり臭みも消えて、子どもも喜ぶ味つけです。

材料（4人分）

鶏レバー　200g
鶏手羽先　8本
豚ばら肉（かたまり）400g

A
- トマトケチャップ　1/3カップ
- にんにく（つぶしたもの）2片
- しょうゆ　大さじ4
- 酢　大さじ3
- ローリエ　2枚
- こしょう　少々

B
- トマトケチャップ　大さじ2
- 玉ねぎ　1/3個
- 水　2カップ

レモン・レタス　各適宜

作り方

① 豚ばら肉は3cm角に切る。ボウルにAを混ぜ合わせ、鶏手羽先と豚ばら肉を入れてもみ込み、1時間ほど漬ける。
② 鶏レバーは心臓を切り離し、4〜5cm大に切って血抜きをする（写真）。
③ 玉ねぎは1cm角に切る。
④ ホーロー鍋に①②③とBを入れる。アクを取りながら、中火で煮汁がなくなるまで煮上げ、器に盛りレタスとレモンを添える。

Column

● 「ケチャップ」の語源

ケチャップには、いろいろな綴りがあります。なぜなら、「ケチャップ」という言葉は英語ではなく、耳で聞いた音を表記したものだから。語源として有力なのは、中国語の魚醬を表す「Ketsiap」「Koechiap」だとされています。

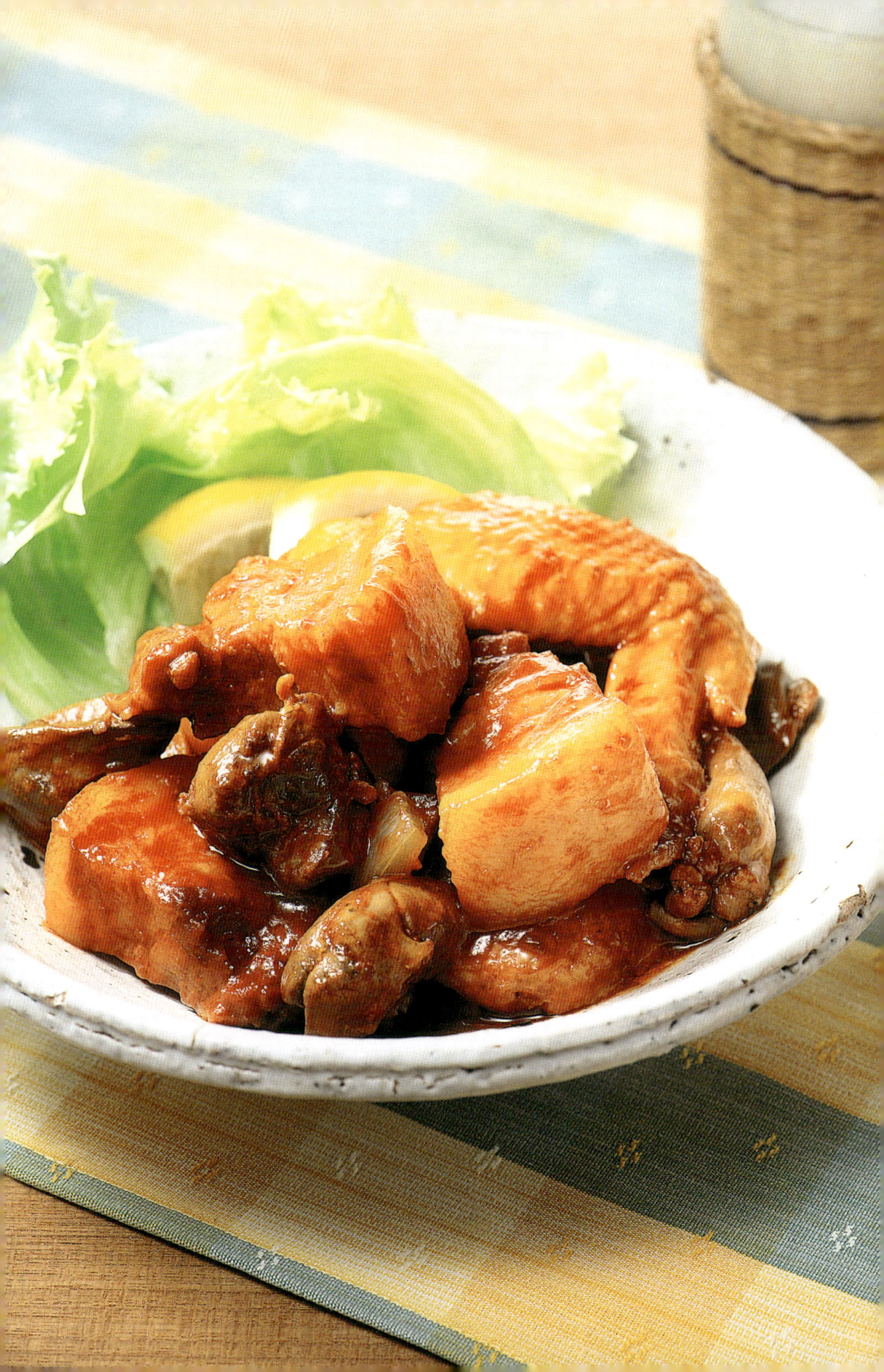

エスニック

辛さを和らげ まろやかに

トマト豆カレー

ホール　ペースト

野菜の水分だけで煮込む本格的なカレーに、
トマトがさわやかな酸味を加味。
玉ねぎをじっくり炒めると、風味豊かに仕上がります。

材料（4人分）

カルバンゾー（水煮缶）200ｇ
キドニービーンズ（水煮缶）100ｇ
玉ねぎ　1/2個
にんにく　1片
しょうが　1片
サラダ油　大さじ1
ローリエ　2枚
トマトペースト　大さじ2
ホールトマト　1カップ
A ┌ ターメリック　小さじ2
　├ クミンパウダー　大さじ1/2
　├ コリアンダーパウダー　小さじ2
　├ チリペッパー　少々
　└ こしょう　少々
塩　小さじ1
ピスタチオ　適宜
ナン　4枚

作り方

① 玉ねぎはみじん切りにし、にんにくとしょうがはすりおろす。
② 鍋にサラダ油を熱して①とローリエを加え、玉ねぎがアメ色になるまで炒める（写真）。
③ Aも加えて炒め合わせ、トマトペーストとホールトマトも加えて約10分煮込む。
④ 塩で味をととのえて器に盛り、殻と薄皮を除いたピスタチオを散らし、ナンと一緒に食べる。

Cooking Memo

香辛料を先にフライパンか電子レンジで乾煎りしておくと、香りが強くなります。

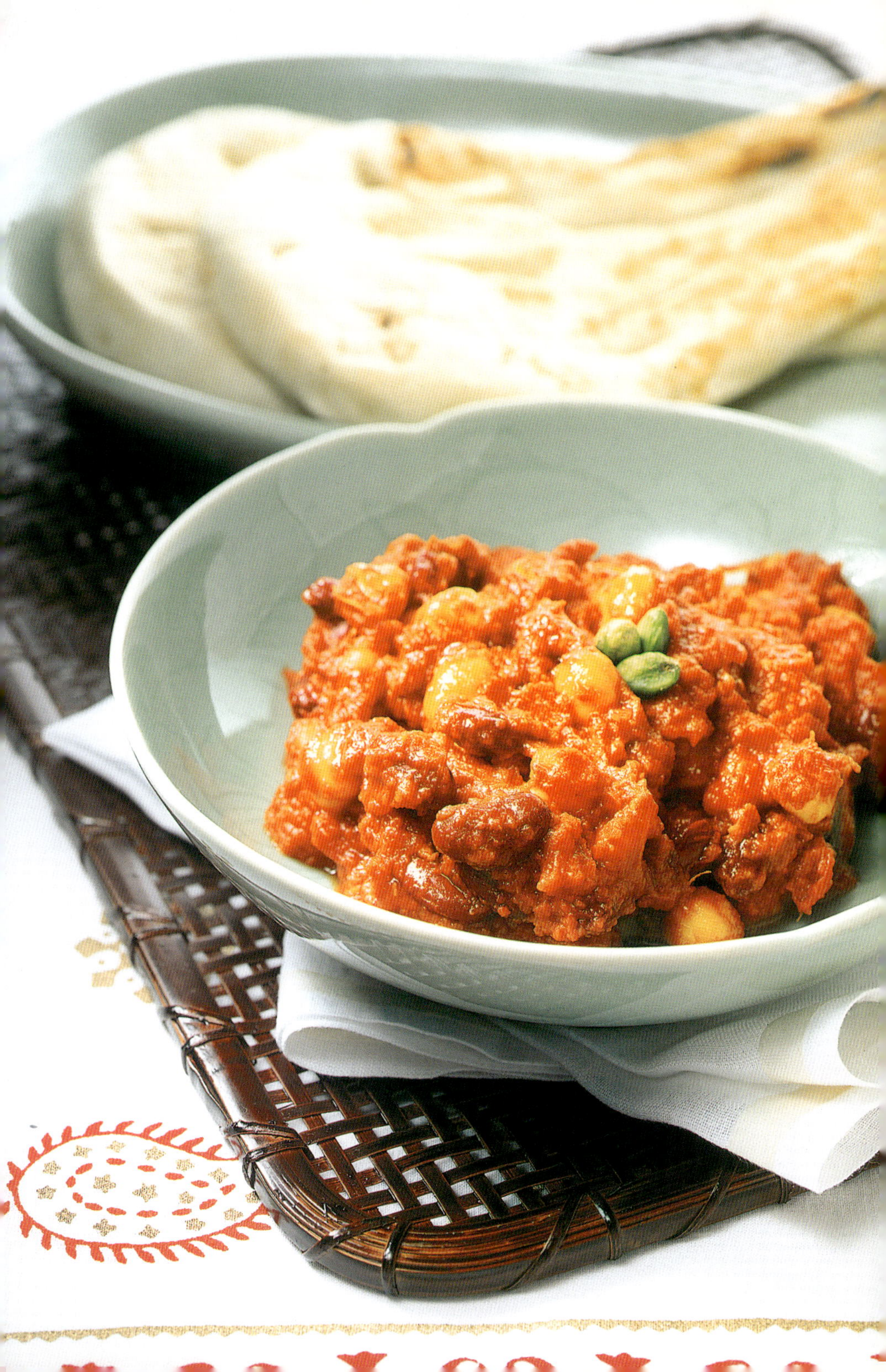

エスニック
辛さを和らげ まろやかに

トマト入り石焼きビビンバ

具だくさんの韓国メニューにトマトのナムルをプラス。
ジュースも使って、さっぱり、まろやかな味つけです。

ジュース

材料（4人分）

- もやしナムル
- 大豆もやし　400g
- A ┌ ねぎ（みじん切り）大さじ2
　　│ にんにく（すりおろし）小さじ1
　　│ ごま油　大さじ1 1/2
　　│ 煎りごま　小さじ2
　　└ 塩　少々

- ほうれん草ナムル
- ほうれん草　1束（200g）
- A ┌ ねぎ（みじん切り）大さじ2
　　│ ごま油　大さじ1 1/2
　　│ 煎りごま　小さじ1
　　└ 塩　少々

- トマトナムル
- トマト（小）4個
- A ┌ ねぎ（みじん切り）大さじ2
　　│ ごま油　大さじ1 1/2
　　│ 煎りごま　小さじ2
　　└ 塩　少々

- ぜんまいナムル
- ぜんまい（水煮）200g
- ねぎ　1/4本
- しょうゆ　大さじ1
- ごま油　小さじ2
- サラダ油　小さじ1
- 砂糖　少々

- 石焼きビビンバ
- 白飯　丼4杯分
- ごま油　大さじ4
- 4種のナムル　各適宜
- 卵黄　4個分

- A ┌ コチュジャン　75g
　　│ トマトジュース　1/3カップ
　　│ ごま油　大さじ3
　　│ しょうゆ　大さじ2
　　└ 煎りごま　大さじ1

作り方

- もやしナムル
① 大豆もやしの根を取り、熱湯で茹でる。
② ボウルにAを混ぜ合わせ①を入れてもみ込む。

- ほうれん草ナムル
① ほうれん草を熱湯で茹で氷水にとって冷まし、水気を切る。
② ボウルにAを混ぜ合わせ、3cm長さに切った①を入れてもみ込む。

- トマトナムル
① トマトは横半分に切って種を取り、1cm角に切る。
② ボウルにAを混ぜ合わせ①を加えて和える。

- ぜんまいナムル
① ぜんまいは水気を切って3cm長さに切る。
② フライパンにサラダ油を熱し①を炒める。
③ しょうゆと砂糖を加え炒め、ごま油を加えて全体に油が回ったら火を止める。

- 石焼きビビンバ
① 石焼鍋4つを火にかけ、熱くなったらそれぞれ大さじ1ずつのごま油を入れて全体に馴染ませる。
② ①に白飯を盛り、4種のナムルを彩り良く盛り付ける。
③ ナムルの真ん中をくぼませ卵黄をのせる。白飯の香ばしい香りがしてきたら、鍋肌にそって混ぜ合わせたAの1/4量ずつを回し入れる。よく混ぜて食べる。

Cooking Memo

石焼鍋がなければ、普通の器でも十分です。白飯をフライパンで軽く炒めると、香ばしくなります。

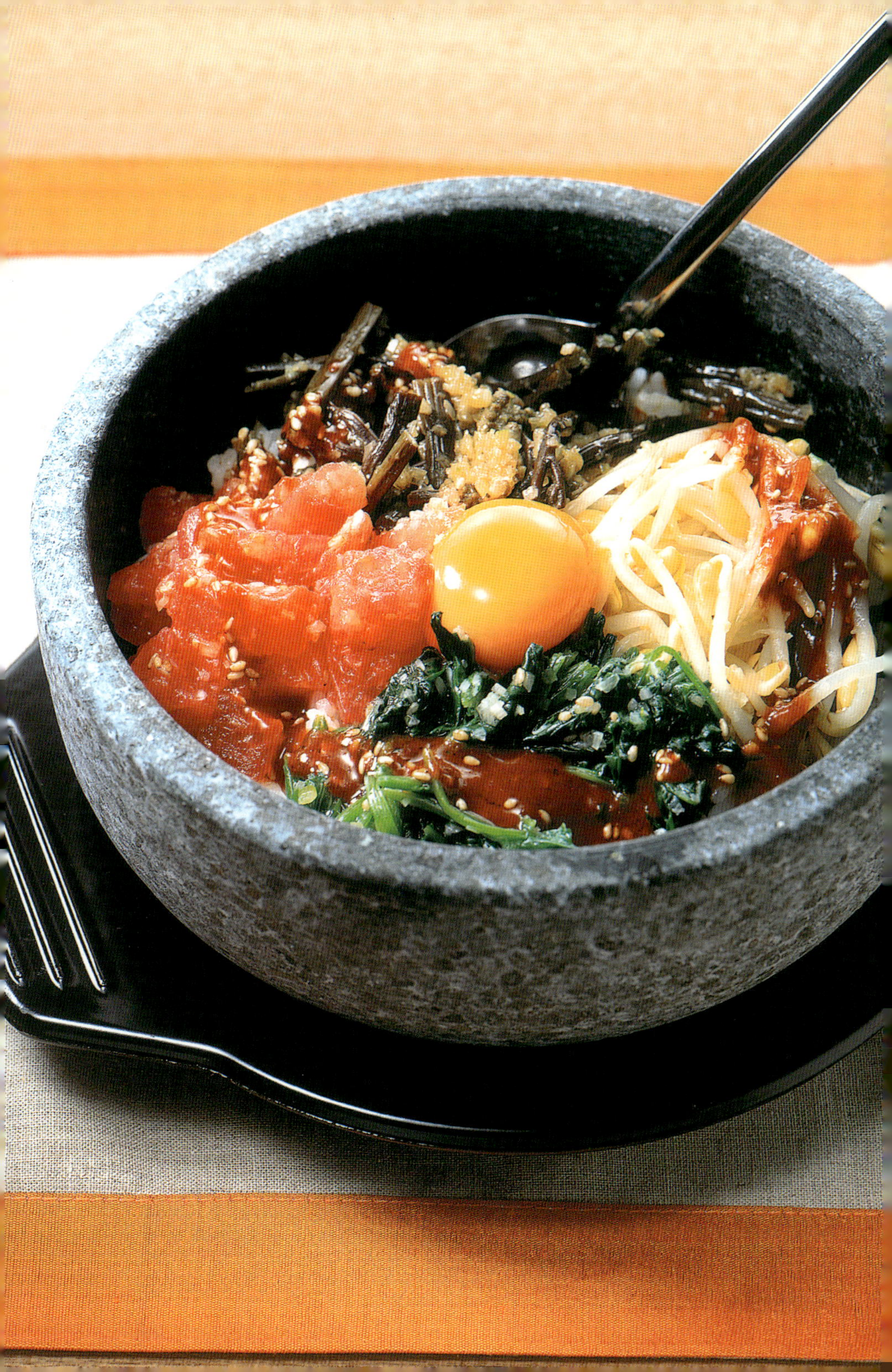

エスニック
辛さを和らげ まろやかに

甘辛トマトソースをからめた豚肉丼　ソース

肉に片栗粉をまぶして味をよくからめ、ツヤ良く仕上げるのがポイント。
豚肉は、細切れでも美味しくできます。

材料（4人分）

豚ばらかたまり肉　300ｇ
塩・こしょう　各少々
片栗粉　適宜
さやいんげん　12本
にんにく　1片
サラダ油　大さじ1

A ┌ トマトソース　1カップ
　├ スイートチリソース　小さじ
　├ ナンプラー　小さじ1
　├ 砂糖　大さじ1
　└ 塩・こしょう　各少々

白飯　茶わん4杯分
ピーナッツ　1/4カップ

作り方

① 豚肉は3～4mm厚さのひと口大に切り、塩・こしょうして片栗粉を薄くまぶしておく。
② さやいんげんは筋を取り、さっと茹でて4cm長さに切る。
③ フライパンにサラダ油を熱し、みじん切りにしたにんにくを炒め、香りが立ったら①を加えて両面をこんがりと焼く。
④ ③にAを加え弱火でしばらく煮込む（写真）。
⑤ 炊きたての白飯に粗く刻んだピーナッツを混ぜて丼に盛る。②を敷いて④をかける。

Cooking Memo

肉に片栗粉をまぶしておくことで、味がよくからまり、ツヤよく仕上がります。

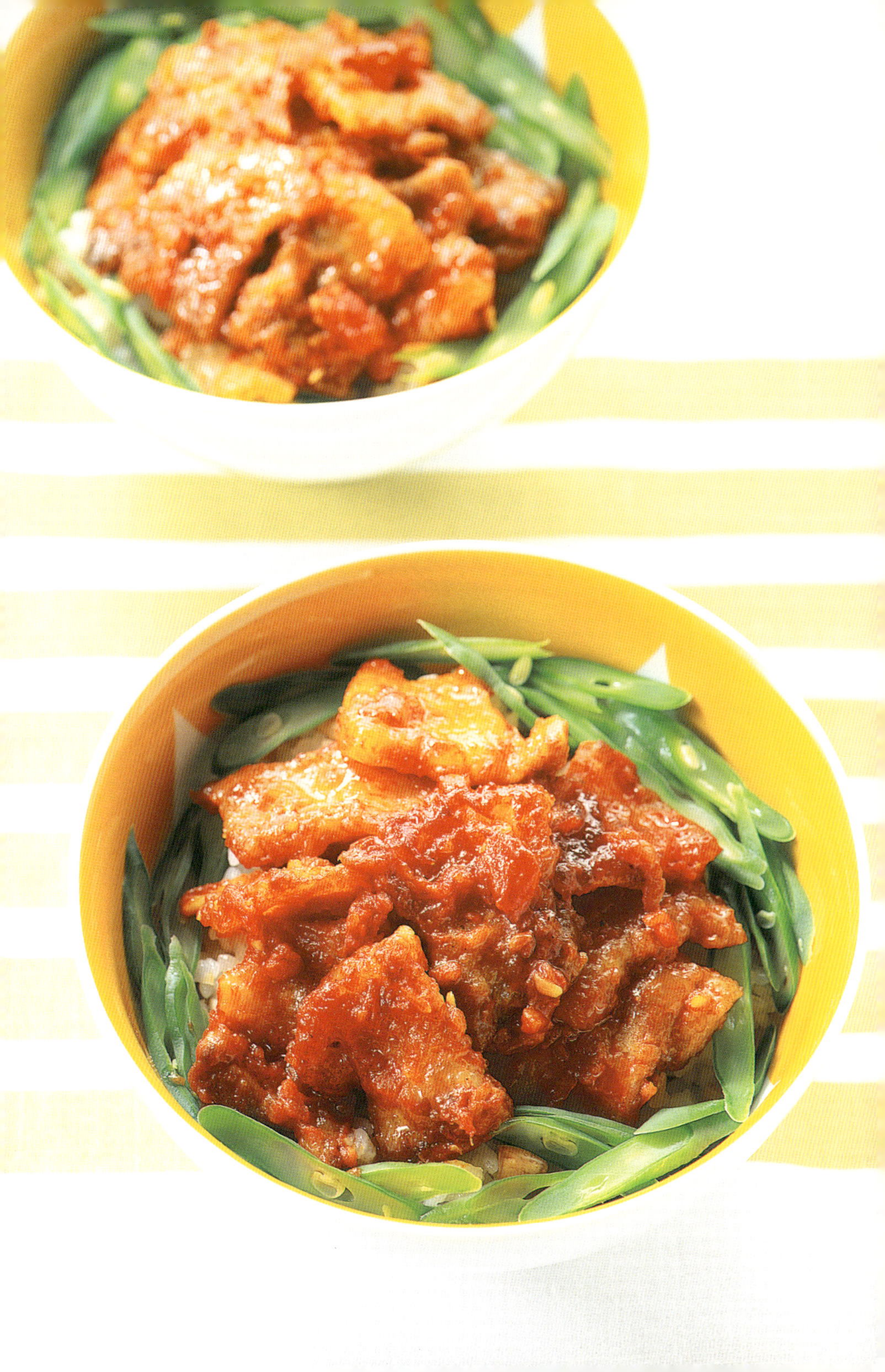

エスニック

辛さを和らげ まろやかに

トマト汁ビーフン (ジュース)

すっきり味の汁ビーフンに、カレー風味の白身魚のすり身をのせて。
お好みで、砕いたクルミや辛み味噌を加えて食べましょう。

材料（4人分）

- ビーフン　200g
- 白身魚すり身　150g
- ほたて　100g
- A
  - 卵　1/4個
  - カレー粉　大さじ1/2
  - 片栗粉　大さじ1
  - 塩　少々
- いんげん　3本
- 揚げ油　適宜
- B
  - 鶏ガラスープ　3カップ
  - トマトジュース　1カップ
  - 干しエビ　大さじ2
  - ナンプラー　大さじ1/2
- 塩・こしょう　各少々
- ねぎの青い部分　適宜
- クルミ　適宜

作り方

① 白身魚のすり身とAをフードプロセッサーにかけなめらかにする。
② ほたては粗みじんにし、いんげんは茹でて5mm幅に切る。
③ ①と②を混ぜ合わせ中温に熱した油にスプーンで落として揚げる（写真）。
④ 鍋にBを煮立て塩・こしょうで味をととのえる。
⑤ ビーフンを茹で、丼に入れる。
⑥ ⑤に熱々の④を入れて③を盛り、ねぎの小口切りと刻んだクルミを添える。

Column

● トマトががんの発生率を下げる

　トマトやオリーブオイルを使う料理が多い南イタリアでは、消化器系がんの発生率が低いという調査データがあります。パスタをメインに、トマトをはじめとする緑黄色野菜や魚、オリーブオイルなどをバランス良く調理し、しかも家族でゆっくりと食事を楽しむ南イタリアのスタイルは、「地中海式ダイエット」として注目を集めています。

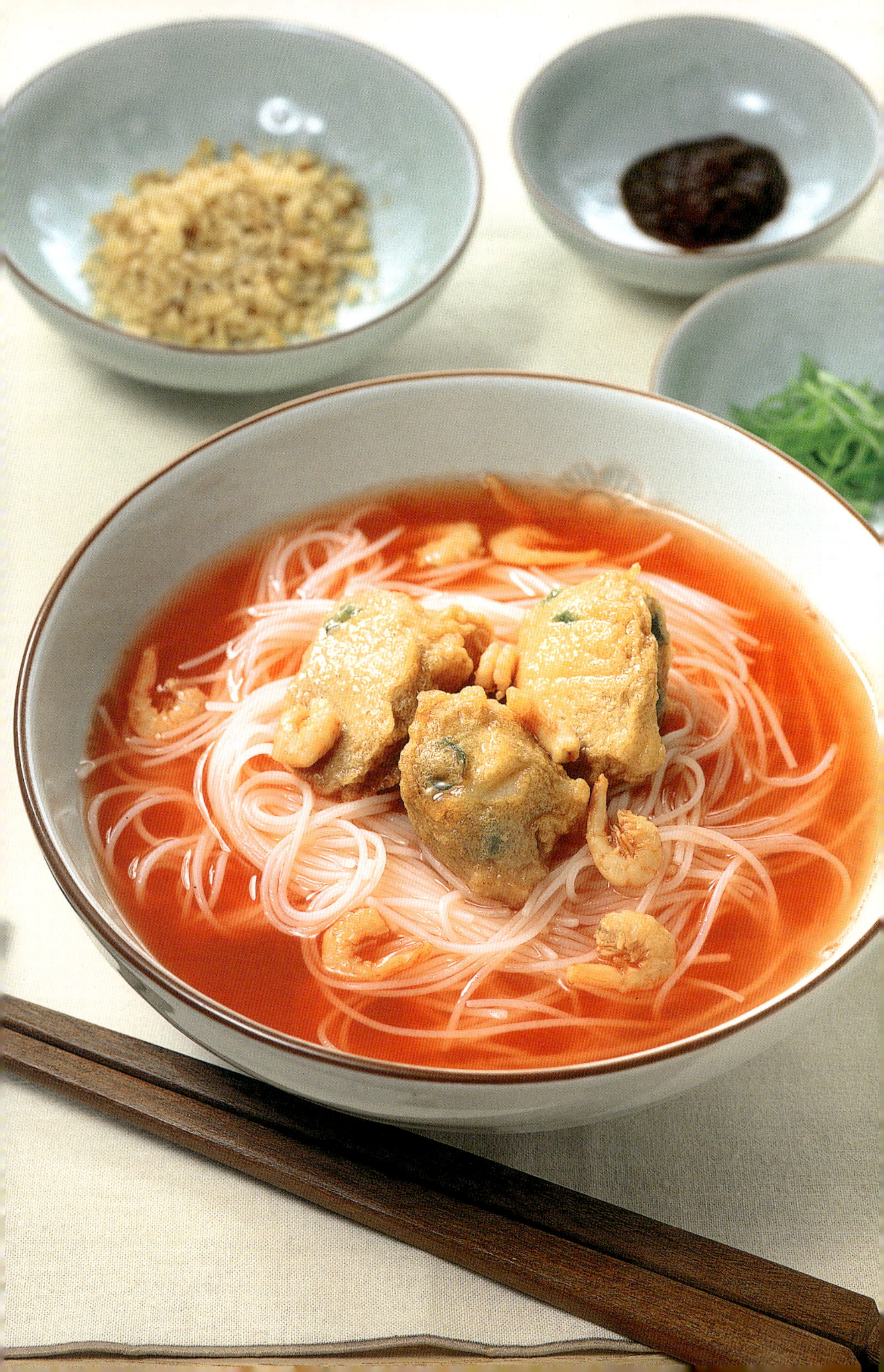

エスニック

辛さを和らげ まろやかに

トマト風味のサテー ペースト

トマト風味のペーストを鶏肉に塗って、軽く火であぶります。
ほど良い辛さで、ビールともよく合います。

材料（4人分）

鶏もも肉　400g

A
- しょうゆ　大さじ1/2
- 砂糖　大さじ1
- にんにく（すりおろし）1片分
- しょうが（すりおろし）小さじ1
- レモン汁　小さじ1
- チリペッパー　小さじ1/2
- クミンパウダー　小さじ1/2
- コリアンダーパウダー　小さじ1/2

B
- ピーナッツバター　大さじ1 1/2
- トマトペースト　大さじ3
- しょうゆ　大さじ2
- 砂糖　小さじ1
- ターメリック　小さじ1/2
- 豆板醤　小さじ1/2

トマト・きゅうり・レモン・サニーレタス　各適宜

作り方

① 鶏肉は小さめのひと口大に切る。ボウルにAを合わせ鶏肉を入れてもみ込み、冷蔵庫で1時間ほど寝かせる。

② ①を竹串に刺し、手元の部分にアルミ箔を巻く。油（分量外）を塗った天板に並べオーブントースターで7～8分焼く。

③ Bをボウルに混ぜ合わせ焼き上がった②に塗り（写真）、さらに焦げ目をつける。

④ くし切りにしたトマトとレモン、薄切りにしたきゅうり、サニーレタスとともに盛りつける。

Cooking Memo
Bのペーストは、焼き魚にも応用できます。

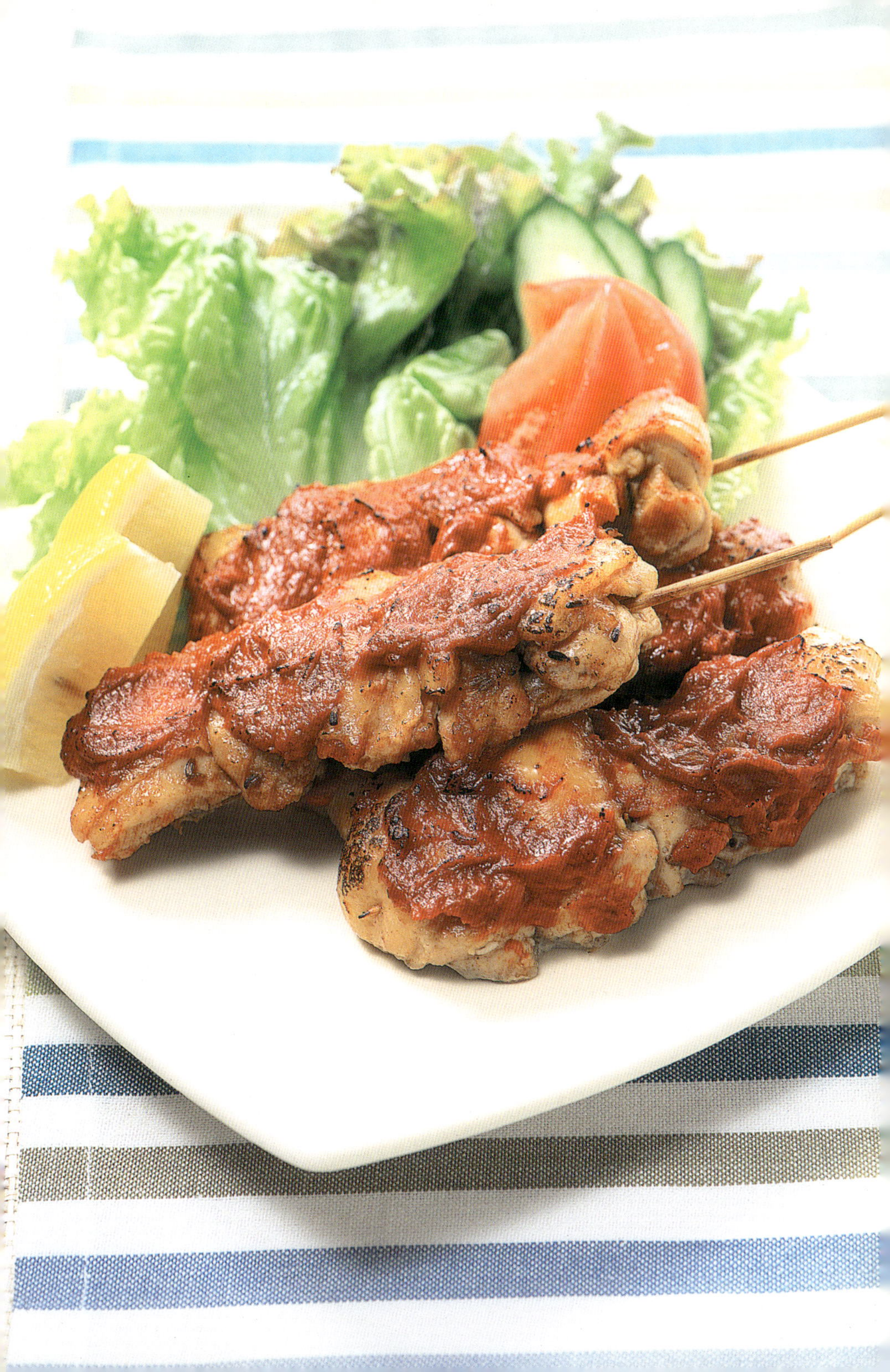

エスニック

辛さを和らげ まろやかに

お刺身サラダ トマトソース

新鮮な魚介類と好相性のトマトのドレッシングをかけます。辛みが欲しいときはチリソースを加えましょう。

ピューレー

材料（4人分）

鯛（刺身用）1/2さく
ほたて貝柱（刺身用）4個
甘えび（刺身用）8尾
きゅうり　1本
大根　1/3本
にんじん　1/2本
セロリ　1/2本
ミックスナッツ　50ｇ
（クルミ・カシューナッツ・ピーナッツ等）

A
- トマトピューレー　大さじ4
- にんにく（すりおろし）1片分
- 水　大さじ2
- ナンプラー　大さじ1
- しょうゆ　小さじ1

作り方

① きゅうり・大根・にんじん・セロリはそれぞれせん切りにし、水に放す。
② 鯛は薄いそぎ切りにする。ほたては厚さを半分に切る。
③ ミックスナッツは粗みじんに切る。
④ ①②と甘えびを彩りよく皿に盛り、よく混ぜ合わせたAと③をかけて食べる。

ソパ・デ・アホ（トマト風味）

ソパ・デ・アホは、にんにくたっぷりのスペインのスープ。トマト風味に仕上げることで、匂いが和らぎ飲みやすくなります。

ピューレー

材料（4人分）

にんにく　4片分
バゲット　2cm厚さ
生ハム　4枚
A ┌ スープ　4カップ
　└ トマトピューレー　1カップ
オリーブオイル　大さじ4
塩　少々
ポーチドエッグ　4個
パラペーニョ　2本

作り方

① にんにくは2mm厚さの小口切りにする。
② バゲットは粗みじん切り、生ハムはひと口大に切る。
③ 鍋にオリーブオイルとにんにくを入れて弱火にかける。にんにくが色づいてきたらバケットを加え、色づくまで炒める。
④ 生ハムを加えひと炒めし、Aを加える。アクを取りながら10分ほど煮る。
⑤ 塩で味をととのえ器に注ぎ、ポーチドエッグを入れる。小口切りにしたパラペーニョを添える。

エスニック

辛さを和らげ まろやかに

トマト・トム・ヤム・クン　ジュース

タイ料理の酸っぱくて辛いスープは、刺激的な辛さが人気。トマトジュースを加えると、辛さがまろやかになります。

材料（4人分）

- ブラックタイガー（有頭）8尾
- ふくろ茸（缶詰）12個
- 香菜　適宜
- A
  - トムヤムセット　4人分
  - 鶏ガラスープ　3カップ
  - トマトジュース　2カップ
- ライムの絞り汁　大さじ1

作り方

① ブラックタイガーは背わたを取る。ふくろ茸は半分に切る。
② 鍋にAを煮立て①を入れる。ブラックタイガーの色が変わったらライムを入れ、香菜を飾る。

Cooking Memo

トム・ヤムペーストやチリーインオイル、ナムプラー、ドライスパイスなど、トム・ヤム・クンの材料がセットになったものを利用すると、手軽で簡単に作れます。

あさりのトマトカレースープ

カレースープにトマトの酸味が加わると、味に深みが出るから不思議。
あさりは固くなりやすいので、手早く炒めましょう。

ジュース
ホール

材料（4人分）

- あさり（殻付き） 200g
- 塩　少々
- ホールトマト　1缶
- 玉ねぎ　1/2個
- にんにく　1片
- 香菜の根（みじん切り）少々
- サラダ油　大さじ1
- カレー粉　大さじ1
- スープ　4カップ
- A ┌ トマトジュース　2カップ
　　│ 塩　小さじ1
　　└ こしょう　少々
- 香菜　適宜

作り方

① あさりは塩水に浸して塩出ししておく。
② 玉ねぎは1cm角に切る。
③ 鍋に油を熱しスライスしたにんにくと香菜の根を加え、香りが立ってきたら①とホールトマトを加えてトマトを木ベラで潰すようにして炒める。
④ ③のあさりの殻が開いたら②も加えてさっと炒め、カレー粉を振り入れて炒め合わせる。
⑤ ④にスープを加え、ひと煮立ちしたらAも加えて弱火でしばらく煮て器に盛る。食べやすく切った香菜を添える。

おなじみ

いつもの味にコクと深みをプラス

スペアリブの漬けダレ

ジュース

漬けダレに入ったトマトとパイナップルの酸の働きで、肉が柔らかく、マイルドな味になります。
甘酸っぱい漬けダレは、鶏肉や魚とも好相性です。

材料（4人分）

豚のスペアリブ　8本
玉ねぎ（小）　1/2個
にんにく　2片
しょうが　1片
パイナップル　1/4個
A ┌ トマトジュース　1/3カップ
　├ はちみつ　2/3カップ
　└ しょうゆ　2/3カップ
野菜　適宜

作り方

① 玉ねぎ・にんにく・しょうがはすりおろし、パイナップルはミキサーにかける（写真）。
② ①とAを混ぜ合わせ、スペアリブを漬け込む。
③ 180℃のオーブンで20分ほど焼き、裏返して漬けダレをかけ、さらに10分ほど焼く。
④ お好みの野菜も焼いて添える。

Column

●二日酔いにはトマトが効果的

　お酒を飲むと胃酸の分泌が増えますが、アルコールは麻酔作用があるので腸の動きを鈍くし、消化されたものが前に進めなくなってしまいます。そのため胃酸もたまってしまい、胸焼けなどの二日酔いの状態を引き起こすといわれています。そのたまった胃酸を和らげるのが、トマトの酸味です。特にトマトジュースは水分補給もでき、飲酒後の軽い脱水症状も解消できます。

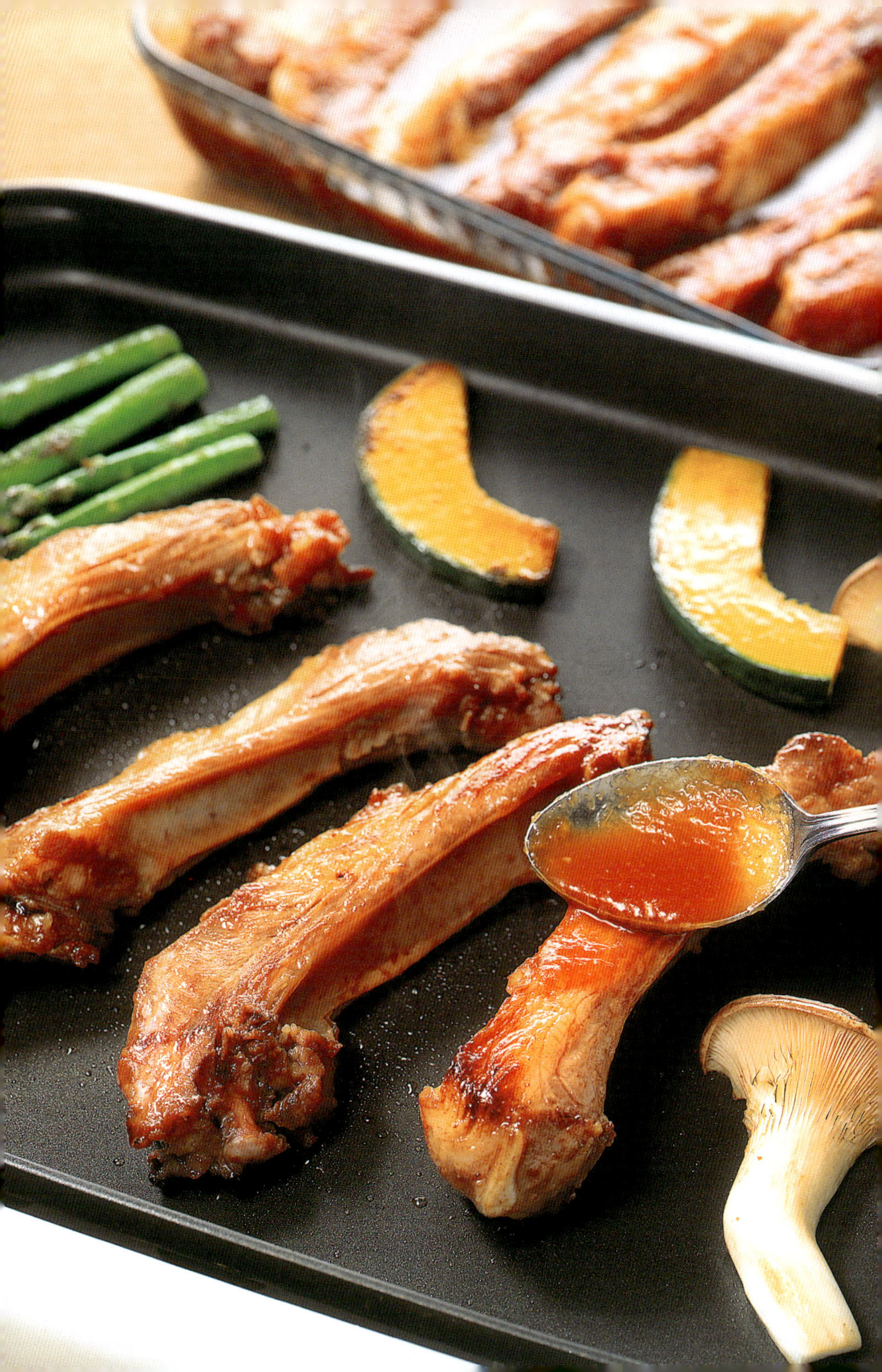

おなじみ

いつもの味にコクと深みをプラス

トマトビーフシチュー

ピューレー　ホール

トマト入りのビーフシチューは、コクとまろやかさのある上質な味。固いすね肉を柔らかくする効果もあります。

材料（4人分）

- 牛すね肉　400g
- 塩・こしょう　各少々
- マッシュルーム　8個
- バター　大さじ3
- スープ　5カップ
- ホールトマト　1カップ
- 小麦粉　大さじ3
- A
  - トマトピューレー　1/3カップ
  - 赤ワイン　大さじ2
  - 塩　大さじ1/2
  - こしょう　少々
- ローリエ　1枚
- ウスターソース　大さじ1
- 生クリーム　適宜
- パセリ（みじん切り）適宜

作り方

① 牛肉は2cm角に切り、塩・こしょうしておく。
② マッシュルームは濡れ布巾で汚れを拭き、縦半分に切る。
③ 鍋にバター大さじ1を熱し②を炒め、別皿に取る。
④ ③の鍋に①を入れて炒め、スープとホールトマトを加え、弱火で柔らかくなるまで煮込む。
⑤ フライパンにバター大さじ2と小麦粉を入れ褐色になるまで炒め（写真）、④の煮汁を少しとAを加えてブラウンソースを作る。
⑥ ⑤を④の鍋に入れて②とローリエ、ウスターソースを加え柔らかく煮込む。③を加えてひと混ぜし、皿に盛る。生クリームとパセリのみじん切りを散らす。

Cooking Memo

④で煮て1度冷まし、ブラウンソースを作ってから再び温め直すと、短時間でも肉が柔らかくなります。

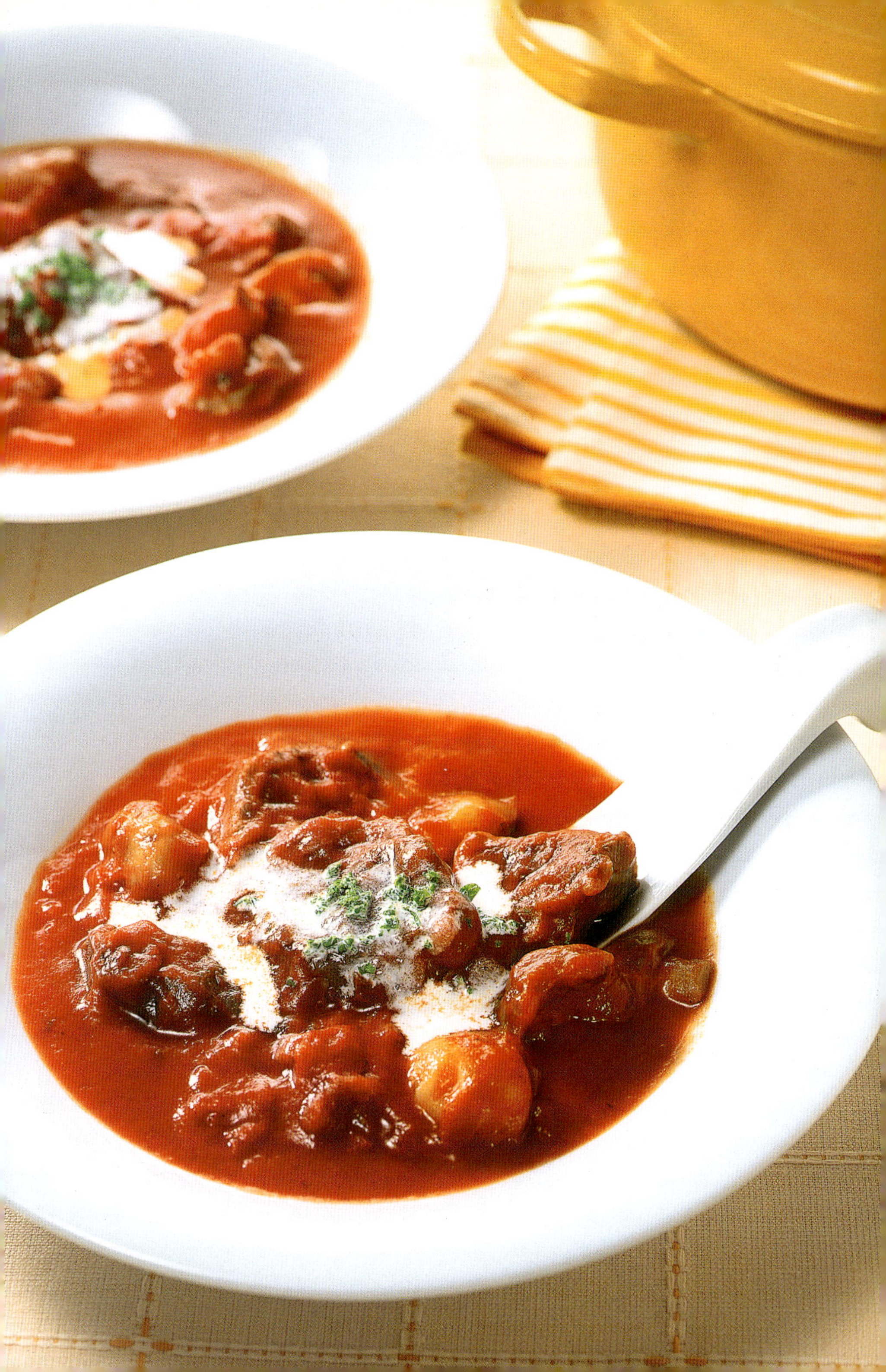

おなじみ

いつもの味にコクと深みをプラス

卵とトマトのグラタン　ホール

ほんのりトマト色に染まったホワイトソースが、
目にも楽しいグラタンです。
トマトを加えることで、さっぱりした後味も演出できます。

材料（4人分）

- マカロニ　100ｇ
- 玉ねぎ　1個
- ベーコン（スライス）2枚
- ピザ用チーズ　50ｇ
- エリンギ　2本
- 卵　2個
- バター　大さじ2
- A
  - バター　大さじ3
  - 小麦粉　大さじ3
  - 牛乳　2 1/2カップ
- ホールトマト　2個
- 塩・こしょう　各少々
- パセリ　適宜

作り方

① Aの材料でホワイトソースを作る。鍋にバターを熱し、小麦粉を入れて色づかないように炒め、牛乳を加える。

② ①にホールトマトを手で潰しながら入れ、塩・こしょうで味をととのえる。

③ マカロニと卵を茹でる。

④ フライパンにバターを熱し粗みじんに切った玉ねぎと1cm幅に切ったベーコン、食べやすく切ったエリンギを炒める。

⑤ ②のソースの中に③のマカロニと④を混ぜ合わせ、さっと煮る。

⑥ グラタン皿に⑤を入れ、茹で卵を3mm幅にスライスして上に並べ（写真）、ピザ用チーズをかけ200℃のオーブンできれいな焼き色がつくまで約20分焼く。

⑦ パセリのみじん切りを散らす。

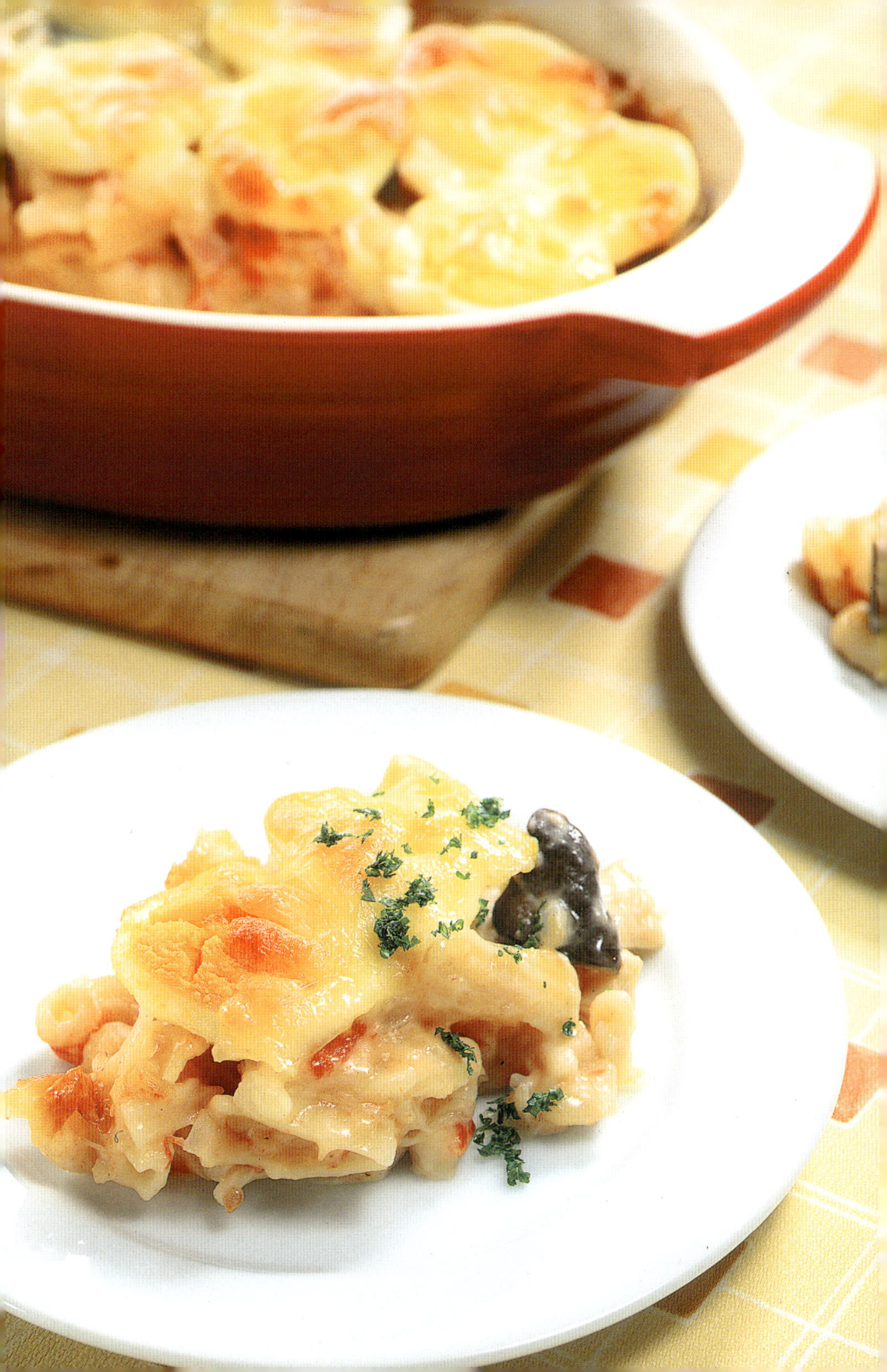

おなじみ

いつもの味にコクと深みをプラス

簡単ミートローフ

ペースト ホール

ドーム型の挽き肉の中から、トマトとチーズがジューシーに溶け出します。たっぷり作って大勢で切り分けて食べましょう。

材料（4人分）

合挽き肉　600g
玉ねぎ　1/2個
ホールトマト　1.5缶
ピザ用チーズ　60g
パン粉　1カップ
水　大さじ2

A
- 卵　1個
- トマトペースト　大さじ4
- 塩　小さじ2
- ウスターソース　大さじ1 1/2
- こしょう・ナツメグ　各少々

サラダ油　適宜
にんじん（小）1本
ズッキーニ　1本
カリフラワー　1/2株
ペコロス　4個

作り方

① 玉ねぎはみじん切りにし耐熱皿に入れ、電子レンジで加熱する。
② ホールトマトは縦に包丁で切れ目を入れ、開いてピザ用チーズを詰める（写真a）。
③ ボウルに挽き肉・水に浸し水気を切ったパン粉・A・①を加え粘りが出るまでよく混ぜる。
④ 天板に油を塗り③の半量をだ円形に広げ②を並べる。その上に残りの挽き肉をのせ、ドーム状に形をととのえる（写真b）。
⑤ 180℃のオーブンで40分ほど焼く。
⑥ にんじんは皮をむいて1cm厚さの輪切り、ズッキーニは1cm厚さの輪切り、カリフラワーは小房に分け、ペコロスは皮をむく。それぞれ柔らかく茹でる。
⑦ ミートローフを食べやすい大きさに切り分け、⑥の茹で野菜を添える。

Cooking Memo

④で挽き肉をのせる際、軽く小麦粉を振ると、くっつきがよくなります。③で挽き肉をよく混ぜておきましょう。

a

b

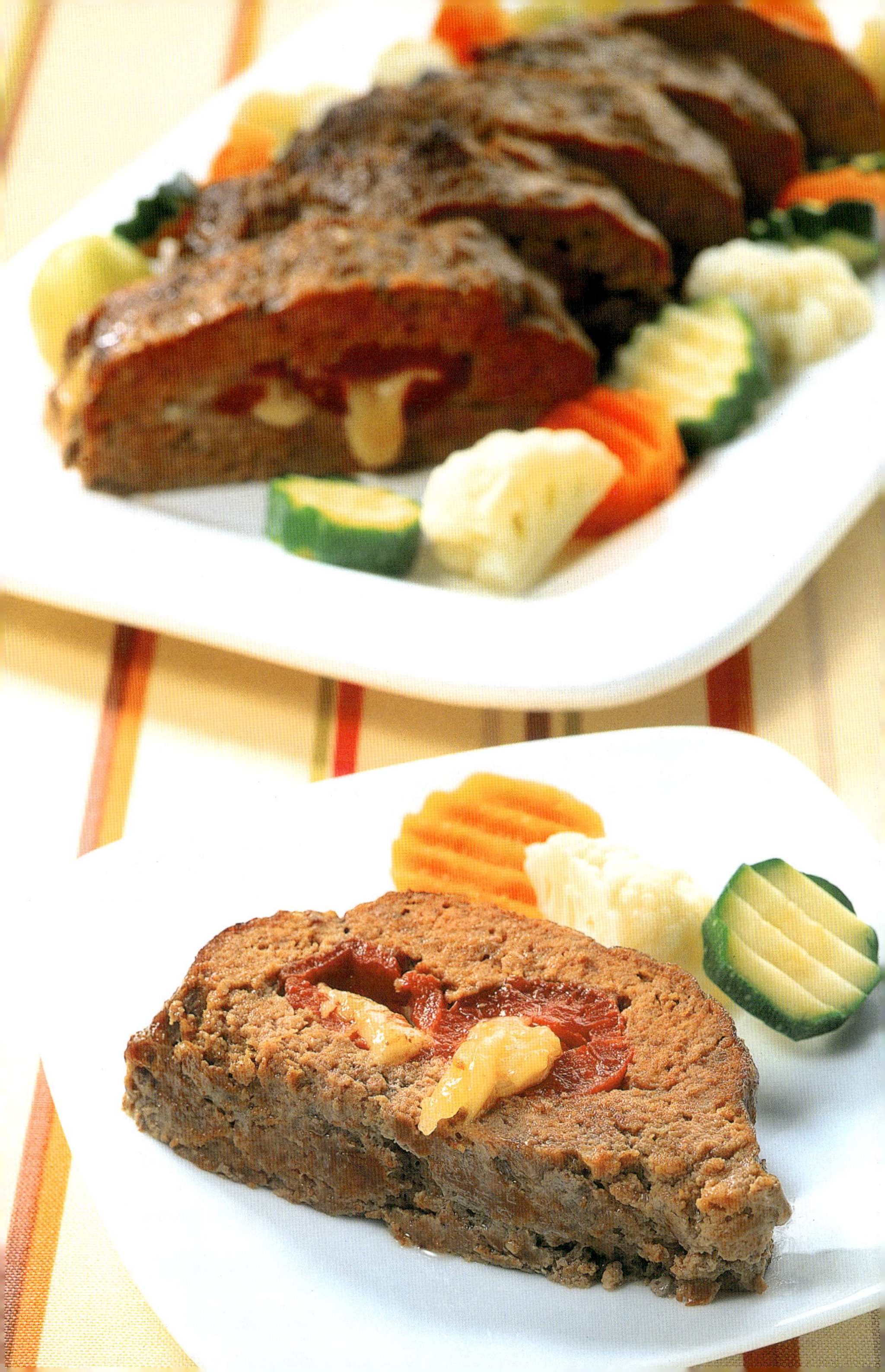

おなじみ

いつもの味にコクと深みをプラス

まぐろのタルタル トマト風味 ピューレー

ピューレーを加えたソースがまぐろの臭みを消し、さっぱりとした味にしてくれます。
薄く切ったバゲットにのせて食べましょう。

材料（4人分）

まぐろ（刺身用）1さく（300ｇ）
アンチョビーフィレ　2切
玉ねぎ　1/3個
万能ねぎ　5本
卵黄　1個分
A ┌ トマトピューレー　大さじ1
　├ オリーブオイル　大さじ2
　└ 塩　小さじ1

作り方

① まぐろは粗みじんに切りアンチョビーフィレを加え包丁で刻みながらたたく（写真）。
② 玉ねぎのみじん切り、万能ねぎは小口切りにする。
③ ①・②・Aを混ぜ合わせる。
④ ①を皿に盛りつけ、中央をくぼませて卵黄を落とす。

Column

● トマトソースは
イタリアの「おふくろの味」
日本のおふくろの味が味噌汁なら、イタリアのおふくろの味はトマトソース。イタリアには各家庭にトマトソースのオリジナルのレシピがあり、「お嫁さんのよしあしはトマトソースで決まる」とまでいわれます。夏の終わりのトマトが安くなる時期に、家族総出で一年分のトマトソースをまとめて仕込む光景も見られるそうです。

Cooking Memo

まぐろは、赤身のほうが美味しく作れるのでおすすめです。

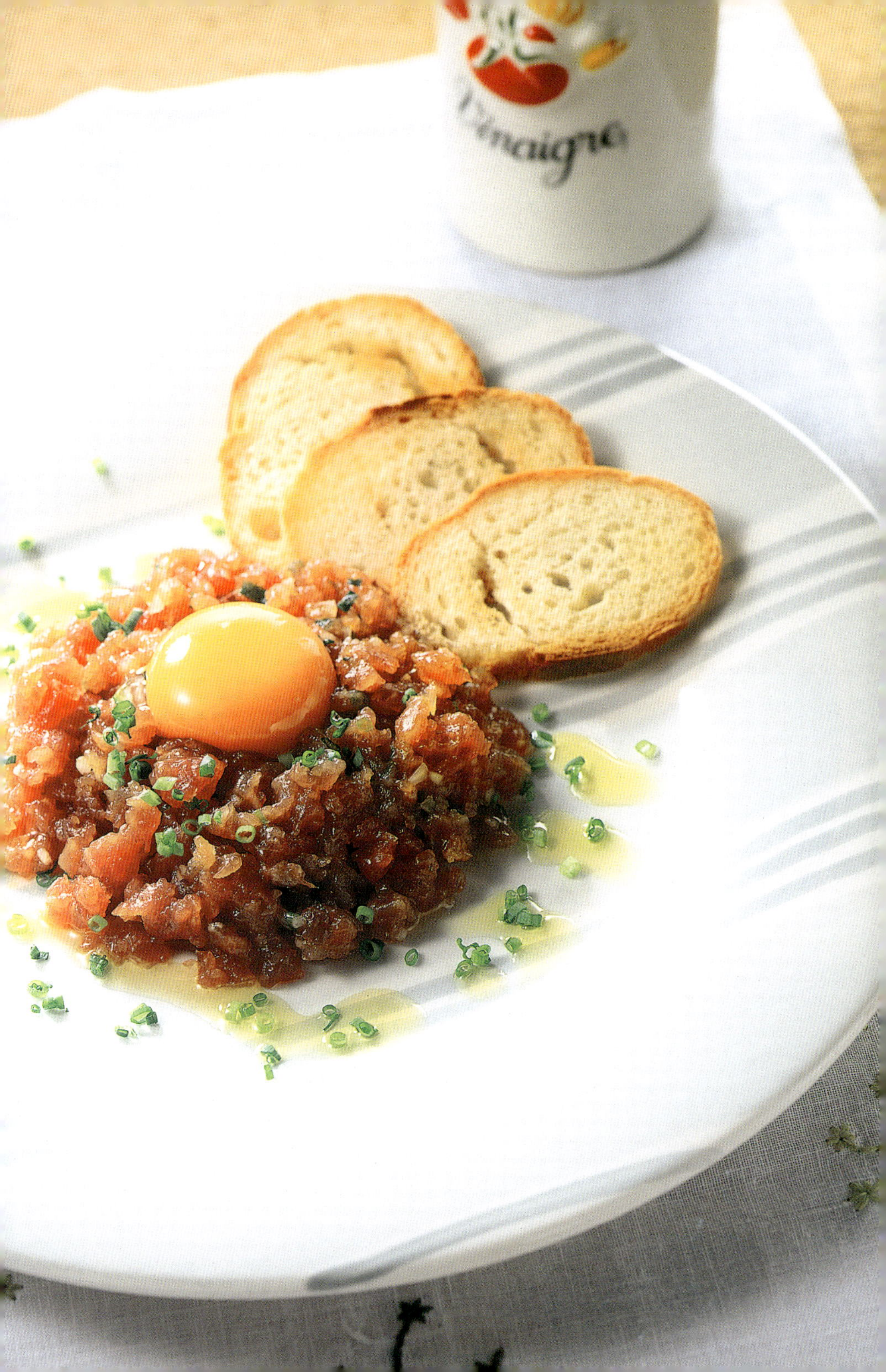

おなじみ

いつもの味にコクと深みをプラス

トマト肉じゃが ホール

トマトの入った一風変わった肉じゃがは、
普通の肉じゃがよりも味つけが簡単。
味噌汁とご飯にはもちろん、洋風のおかずとしても活躍します。

材料（4人分）

牛薄切り肉　300g
塩・こしょう　各少々
赤ワイン　1/4カップ
玉ねぎ　2個
じゃがいも（中）2個
A ┌ スープ　2カップ
　│ ホールトマト　1缶
　└ ローリエ　1枚
塩・こしょう　各少々
絹さや　適宜
サラダ油　大さじ2

作り方

① 牛肉はひと口大に切り、塩・こしょうする。
② 玉ねぎは1cm幅のくし切り、じゃがいもは4等分に切り面取りをして水に放つ。
③ 鍋に油を熱し①を炒める。赤ワインで香りをつけ、②を順に炒める。
④ ③にAを加え（写真）、ひと煮立ちしたら落としぶたをしてアクを取りながらじゃがいもが柔らかくなるまで煮る。
⑤ 塩・こしょうで味をととのえ、茹でた絹さやを飾る。

● トマトが食べられるようになった理由

　かつては観賞用として捉えられていたトマトが、食べられるようになったのはなぜだったのでしょうか。その大きなきっかけとなったのは、イタリアを襲ったひどい飢餓でした。人々は飢えをいやすために、毒草とも思われていたトマトにまで手を出したのです。

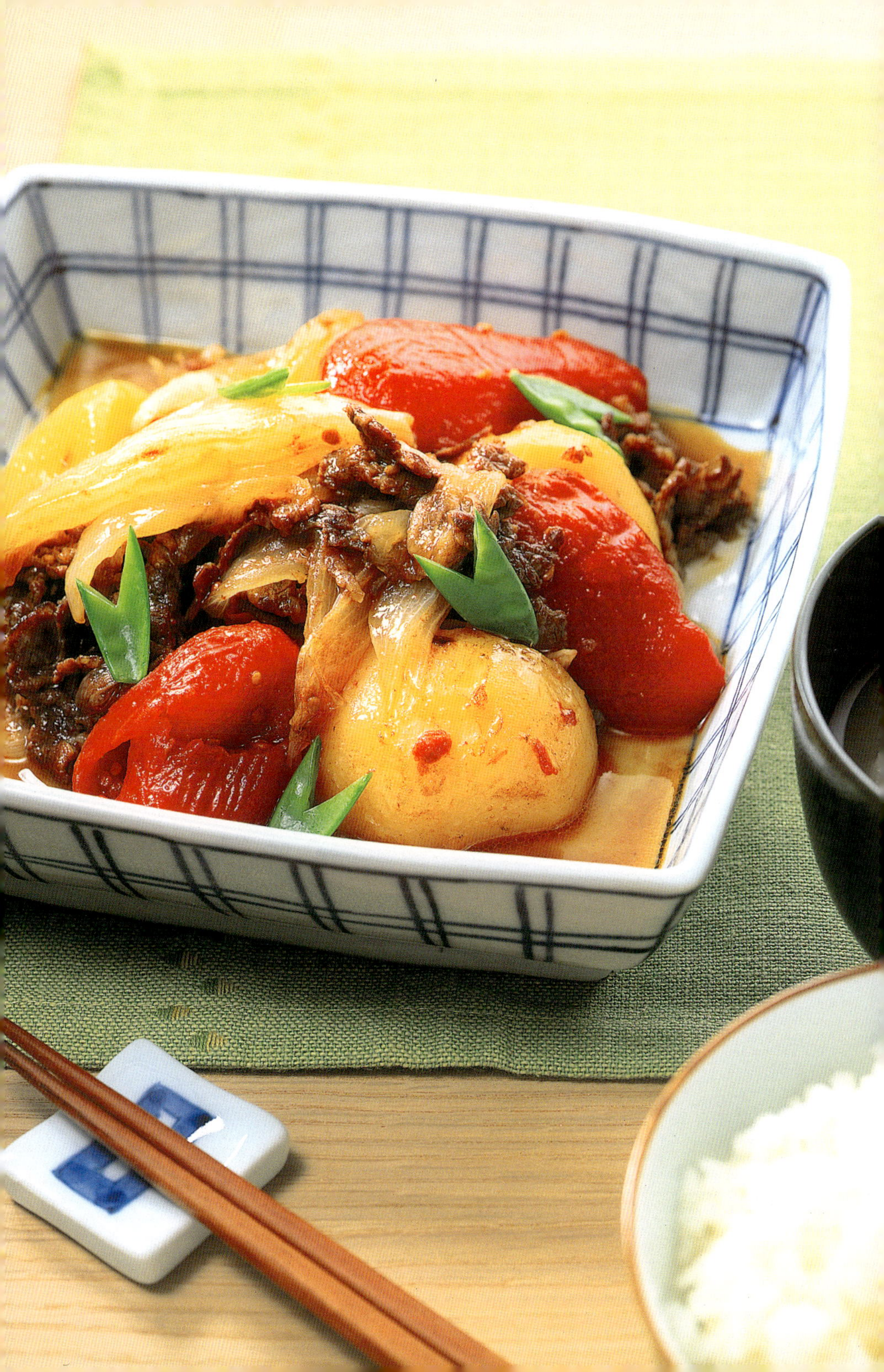

おなじみ

いつもの味にコクと深みをプラス

トマトソースかつ丼

ケチャップ
ピューレー

甘さと辛さ、まろやかさが融合したソースは、
豚かつとも白飯ともベストマッチ。
多めに作って魚や生野菜につけてもいいでしょう。

材料（4人分）

豚ロース肉（豚かつ用）　4枚
塩・こしょう　各少々
小麦粉　大さじ5
卵液　1個分
パン粉　2カップ
キャベツ　1/4個
白飯　丼4杯分

A ┌ トマトケチャップ　大さじ3
　│ トマトピューレー　大さじ4
　│ 赤味噌　50g
　│ 砂糖　大さじ1
　│ 酒　大さじ1
　└ 中濃ソース　大さじ1

絹さや　適宜
揚げ油　適宜

作り方

① 豚肉は筋を切り塩・こしょうする。小麦粉・卵液・パン粉の順に衣をつけ、油で揚げる。
② キャベツはせん切りにする。
③ 鍋にAを合わせ、弱火にかけて練る（写真）。
④ 丼に白飯を盛りキャベツのせん切りをのせ、その上に食べやすい大きさに切った①をのせて③をかける。茹でて切った絹さやを飾る。

Cooking Memo

ソースは練り過ぎると味が飛んでしまうので、適度に水分が飛びツヤが出る程度にしましょう。

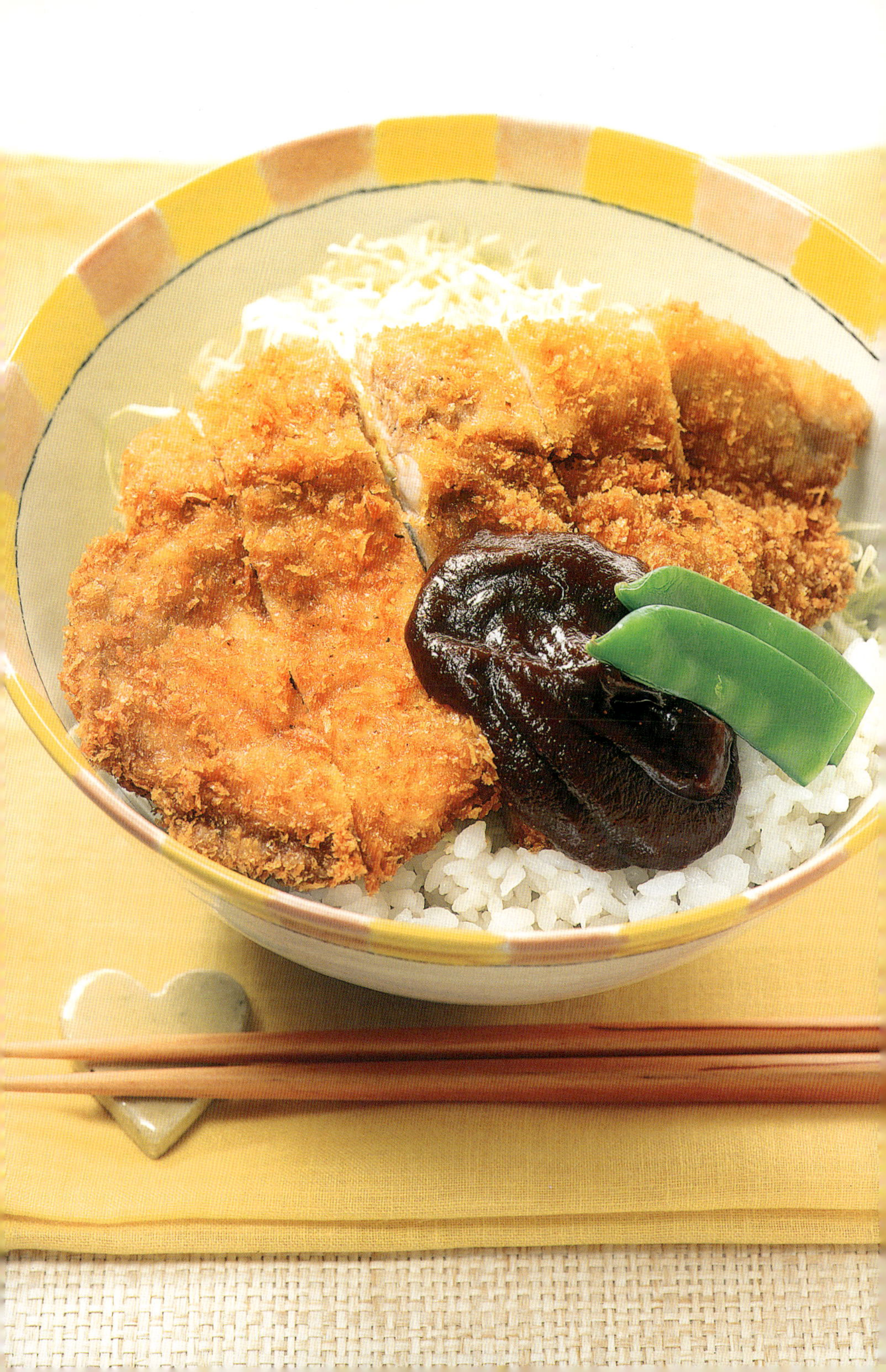

おなじみ

いつもの味にコクと深みをプラス

ソースいらずのハンバーグ

ケチャップ

挽き肉に最初からしっかり味をつけて焼くハンバーグです。崩れやすいので、焼くときは焼き色をつけてから注意して裏返しましょう。

材料（4人分）

合挽き肉　400ｇ
玉ねぎ　1/4個
パン粉　50ｇ
水　適宜
バター　大さじ1
サラダ油　適宜

A ┌ トマトケチャップ　大さじ3
　│ 粉チーズ　大さじ2
　│ ガーリックパウダー　小さじ1
　│ 塩　小さじ1
　└ こしょう・ナツメグ　各少々

トマト（大）1個
オリーブオイル・塩　各適宜
ブロッコリー　1/2株
フライドポテト（冷凍）適宜
揚げ油　適宜

作り方

① 玉ねぎはみじん切りにし、バターでさっと炒めて冷ましておく。パン粉は水に浸して柔らかくし、水気を絞る。
② ボウルに挽き肉を入れ①とＡを加えてよく混ぜ、4等分にして平たく丸める。
③ フライパンに油を熱し②を並べ、両面を色よく焼き上げる。
④ トマトは湯むきしてくし形に切って種を取り、天板に並べてオリーブオイルをかけ、オーブントースターで焦げ目をつけ塩を振る。ブロッコリーは塩茹でし、フライドポテトは油で揚げる。
⑤ 皿に③を盛り、④を彩りよく盛りつける。

焼きおにぎり ペースト

焼きおにぎりをトマトでちょっと洋風にアレンジ。
色もきれいなので、お弁当にもおすすめです。

材料（4人分）

白飯　茶碗8杯分

A ┌ トマトペースト　大さじ1
　├ しょうゆ　小さじ1
　└ しそ（せん切り）2枚

B ┌ トマトペースト　小さじ1
　├ 白味噌　大さじ1
　└ 木の芽（みじん切り）5枚

漬物　適宜

作り方

① 白飯を8個のおむすび型ににぎる。
② 熱した焼き網にのせ、両面を軽く焼く。
③ ②に混ぜ合わせたAとBを各4個ずつ塗り、こんがりと焼き上げる。好みの漬物を添える。

おなじみ

いつもの味にコクと深みをプラス

トマトパイ

ホール

サクサクのパイ生地に、トマトとホワイトソースをはさんだ手軽なパイです。ホールトマトは水気を切り過ぎないほうが、ジューシーに仕上がります。

材料（4人分）

- ホールトマト　1缶
- 玉ねぎ　1/3個
- ベーコン　4枚
- ほうれん草　1/6束
- サラダ油　大さじ1
- バター　大さじ1
- 小麦粉　大さじ1
- 牛乳　1カップ
- 塩・こしょう　各少々
- 冷凍パイシート（12cm角）4枚
- 溶き卵　適宜

作り方

① ホールトマトはざく切り、玉ねぎは薄切り、ベーコンは1cm幅、ほうれん草は茹でて1cm幅に切る。
② フライパンにサラダ油を熱し、玉ねぎ、ベーコン、ほうれん草の順に炒める。
③ 別のフライパンにバターを溶かし小麦粉を炒め、温めた牛乳を加えて煮詰め、塩・こしょうする。
④ ①のホールトマトと②③を混ぜ合わせ4等分にする。
⑤ パイシートの半面に④の1/4量を広げ、もう半面を上からかぶせるように折り、端をフォークで押さえて止め、上部に包丁目を入れる。溶き卵を塗る。
⑥ オーブントースターで焦げ目がつくまで焼く。

赤いフレンチトースト　ジュース

いつものフレンチトーストに飽きたら、トマト風味にしてみてはいかがでしょう？　少し固くなったバゲットにジュースをよく染み込ませて、中火でゆっくり焼くと美味しくできます。

材料（4人分）

バゲット（2cm厚さ）8枚
卵　2個
A ┌ トマトジュース　1/2カップ
　├ 牛乳　1/3カップ
　├ 砂糖　大さじ2
　└ はちみつ　大さじ3
バター　大さじ2
粉糖　適宜

作り方

① 溶きほぐした卵にAを加えてよく混ぜ合わせ、バットに移してバゲットを並べ入れる。途中、裏返して十分に含ませる。
② フライパンにバターを溶かして①を並べ入れ、両面をこんがりと焼いて皿に盛る。粉糖を振る。

デザート&ドリンク

ほのかな酸味で甘さすっきり

トマトレアチーズケーキ ペースト

サワークリームとトマトの酸味が馴染んで、甘さもすっきり。
牛乳パックやカステラを利用すれば、手軽で簡単に作れます。

材料（1リットル牛乳パック1個分）

- クリームチーズ　140ｇ
- サワークリーム　50ｇ
- A ┌ トマトペースト　大さじ2
　　├ レモン汁　大さじ1
　　└ コアントロー　大さじ1
- 生クリーム　1カップ
- 砂糖　50ｇ
- 粉ゼラチン　6ｇ
- 水　大さじ2
- カステラ　50ｇ
- バター　大さじ2
- ミント　適宜
- トマト　適宜

作り方

① 粉ゼラチンは分量の水でふやかし、湯せんで溶かす。

② バターは溶かし、細かくほぐしたカステラと混ぜ合わせる。牛乳パックで型を作り、底の部分に広げしっかり押さえる（写真）。冷蔵庫に入れ冷やしておく。

③ 室温で柔らかくしたクリームチーズをボウルに入れ、砂糖を加え泡立器でクリーム状にする。

④ ③にサワークリームとAを加え混ぜる。①と生クリームを加えさらに混ぜ合わせる。②に流し入れ冷蔵庫で冷やし固める。

⑤ ④を切り器に盛る。ミントと小さい角切りにしたトマトを飾る。

Cooking Memo

カステラは溶かしバターと混ぜ合わせたら、両手でこすってポロポロにしましょう。

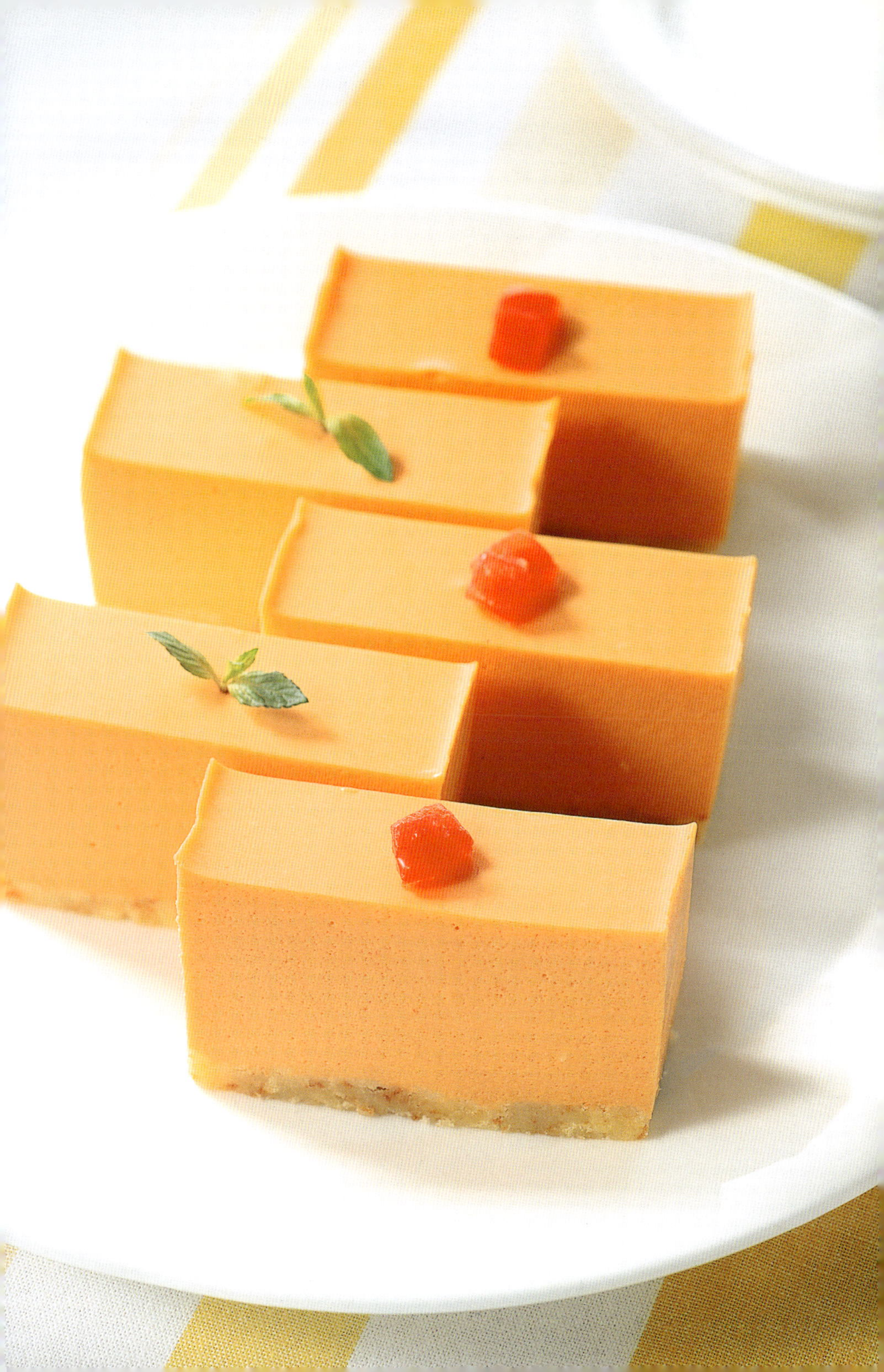

デザート&ドリンク

ほのかな酸味で甘さすっきり

白インゲン豆と トマトの羊羹

ペースト

羊羹の赤色と豆の白さが色鮮やか。
甘さひかえめですっきりとした後味です。

材料（5cmのセルクル型4個分）

白インゲン豆　1/3カップ
砂糖　大さじ6
水　1 1/2カップ
粉かんてん　4g
トマトペースト　1/2カップ
レモン汁　大さじ1
砂糖　大さじ4

作り方

① 白インゲン豆はたっぷりの水につけて一晩置く。
② ①を戻した水ごと鍋に入れ、火にかけて茹でこぼし、差し水をしながら柔らかくなるまで煮る。
③ ②に砂糖を加え3〜4分煮て、そのまま冷ます。
④ 鍋に水と粉かんてんを入れ沸騰させる。火を止めてトマトペースト（写真）、レモン汁、砂糖を入れ粗熱をとる。
⑤ セルクル型を水にくぐらせ④を流し入れる。水気を切った②を並べて冷蔵庫で冷やし固める。

Cooking Memo

かんてんをしっかり溶かすことで、きちんと固まり、きれいに仕上がります。

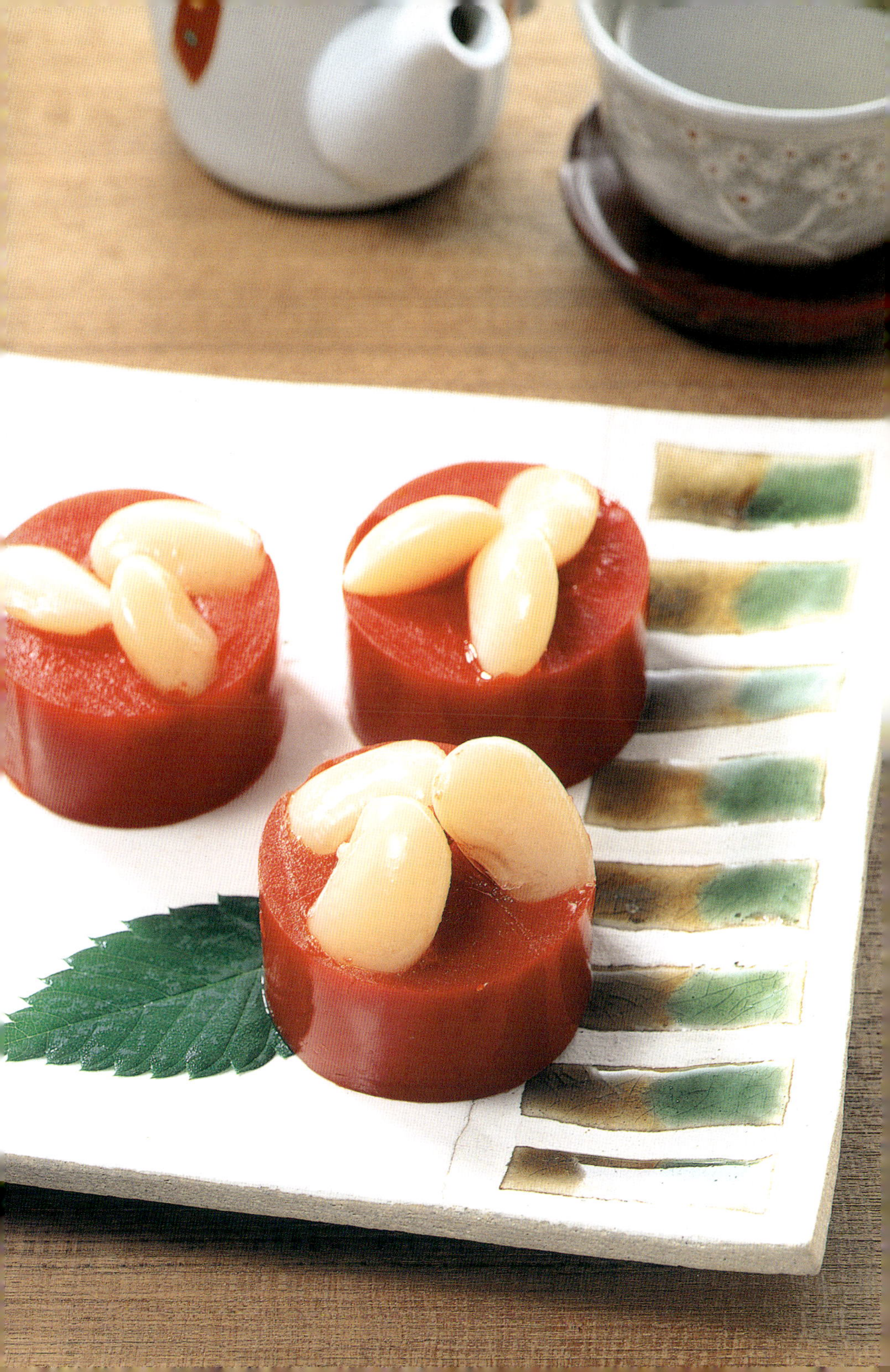

デザート&ドリンク

ほのかな酸味で甘さすっきり

トマトシフォンケーキ

ペースト　ピューレー　ジュース

ほのかにトマトの風味が漂うシフォンケーキは、
甘いものが苦手な人にもおすすめ。
卵白を上手に泡立てて、フワフワ、しっとりと焼き上げましょう。

材料（17cmのシフォン型1個分）

- 卵黄（大）3個分
- 砂糖　65g
- サラダ油　大さじ2
- A ┌ トマトペースト　40g
　　├ トマトピューレー　1/4カップ
　　├ トマトジュース　大さじ2
　　└ 水　大さじ1
- 薄力粉　70g
- シナモン　小さじ1/3
- 卵白（大）4個分

作り方

① 薄力粉とシナモンは合わせてふるっておく。
② ボウルに卵黄を入れて泡立器でほぐし、砂糖の1/3量を加え白っぽくなるまで混ぜる。サラダ油も加えて混ぜる。
③ ②にAを混ぜ合わせ①も加えてしっかりと混ぜる（写真a）。
④ 別のボウルに卵白と残りの砂糖を入れ、ハンドミキサーで角が立つまで泡立てメレンゲを作る（写真b）。
⑤ ③に④の1/3量を加えて泡立器で混ぜ、さらに④の残りの半量を加えて混ぜる。
⑥ ⑤を④のボウルに入れて混ぜ、ゴムベラでさっくりと混ぜる。
⑦ 型に流し入れ、空気を抜いたら180℃のオーブンで約30分焼く。逆さにして完全に冷えたら型から出し、切り分けて皿に盛る。

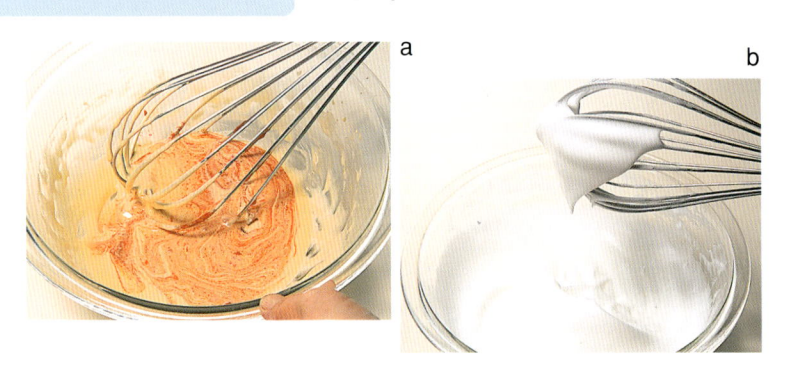

Cooking Memo

- 卵白は、泡立て方が足りないと膨らまず、泡立て過ぎると仕上がりがぽそぽそになってしまいます。角が立って首をかしげるくらいを目安にしましょう。
- ペーストとピューレーの代わりにジュースを多めにしても手軽に作れますが、味や色が残りにくくなります。

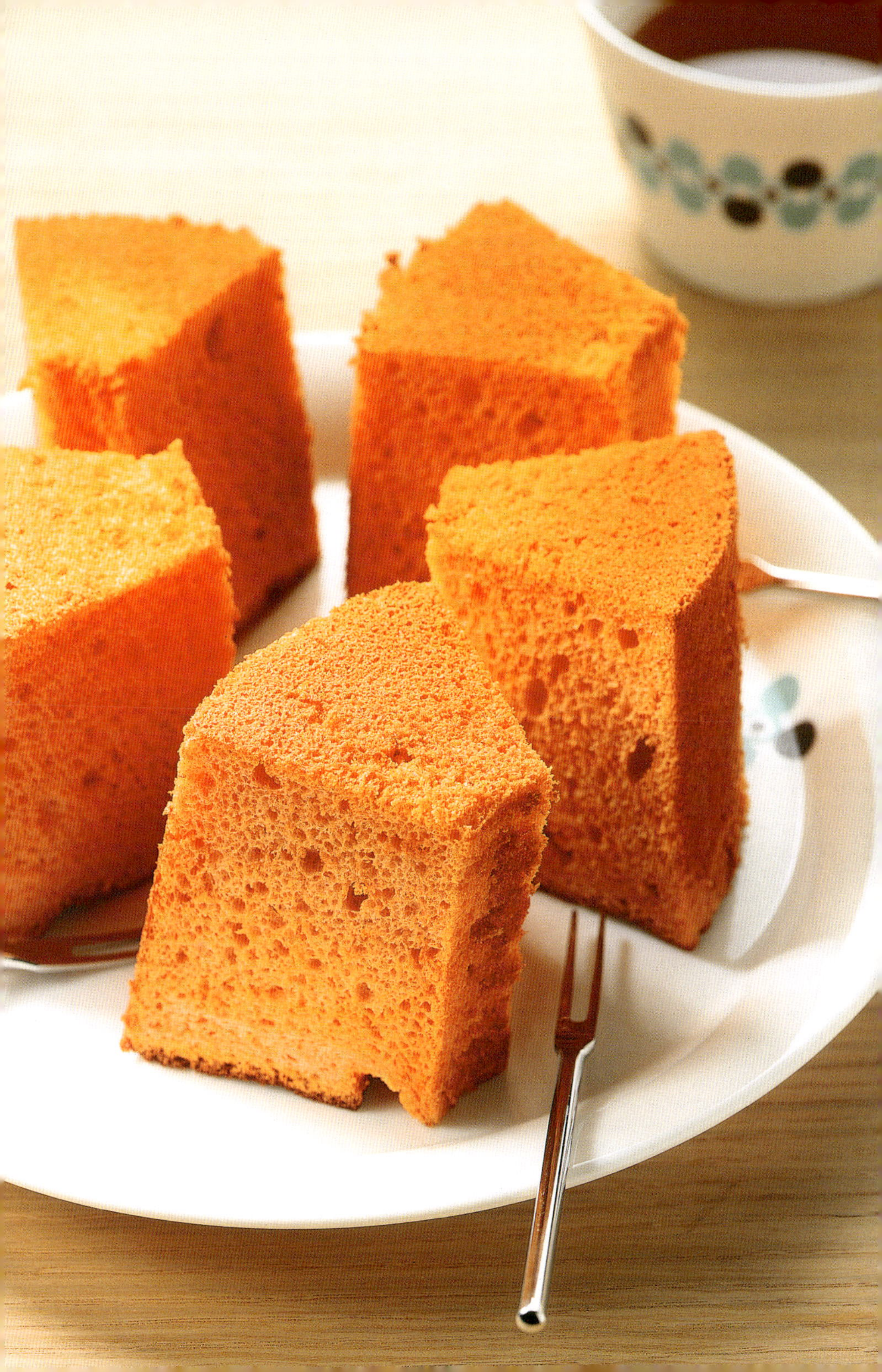

デザート&ドリンク

ほのかな酸味で甘さすっきり

揚げシュー ピューレー

トマト色の小さな揚げシューを、白いクリームチーズのソースにつけて食べましょう。ジャムなども用意すれば、パーティーメニューにもおすすめです。

材料(4人分)

薄力粉　110g
ベーキングパウダー　小さじ2/3
砂糖　20g
卵(大)　1/2個
トマトピューレー　45g
A ┌クリームチーズ　25g
　│砂糖　大さじ1/2
　└牛乳　大さじ1
揚げ油　適宜

作り方

①薄力粉とベーキングパウダーを混ぜてボウルにふるい入れ、砂糖を加えて混ぜる。
②卵とトマトピューレーを①に加え、泡立器でだまができないように混ぜる。
③口金をつけた絞り袋に②を入れ、170℃に熱した油に1cm長さに搾り出し、調理ばさみで切って落とす(写真a)。
④箸で転がしながら2〜3分揚げる(写真b)。
⑤Aをなめらかになるまで混ぜ合わせ、④をつけて食べる。

Cooking Memo

シューを揚げる油の温度は、たねを落としても下に沈んで、少しパチパチいうくらいが目安です。高い温度だと外だけ焦げてしまうので、低めの温度でゆっくりと揚げましょう。

a

b

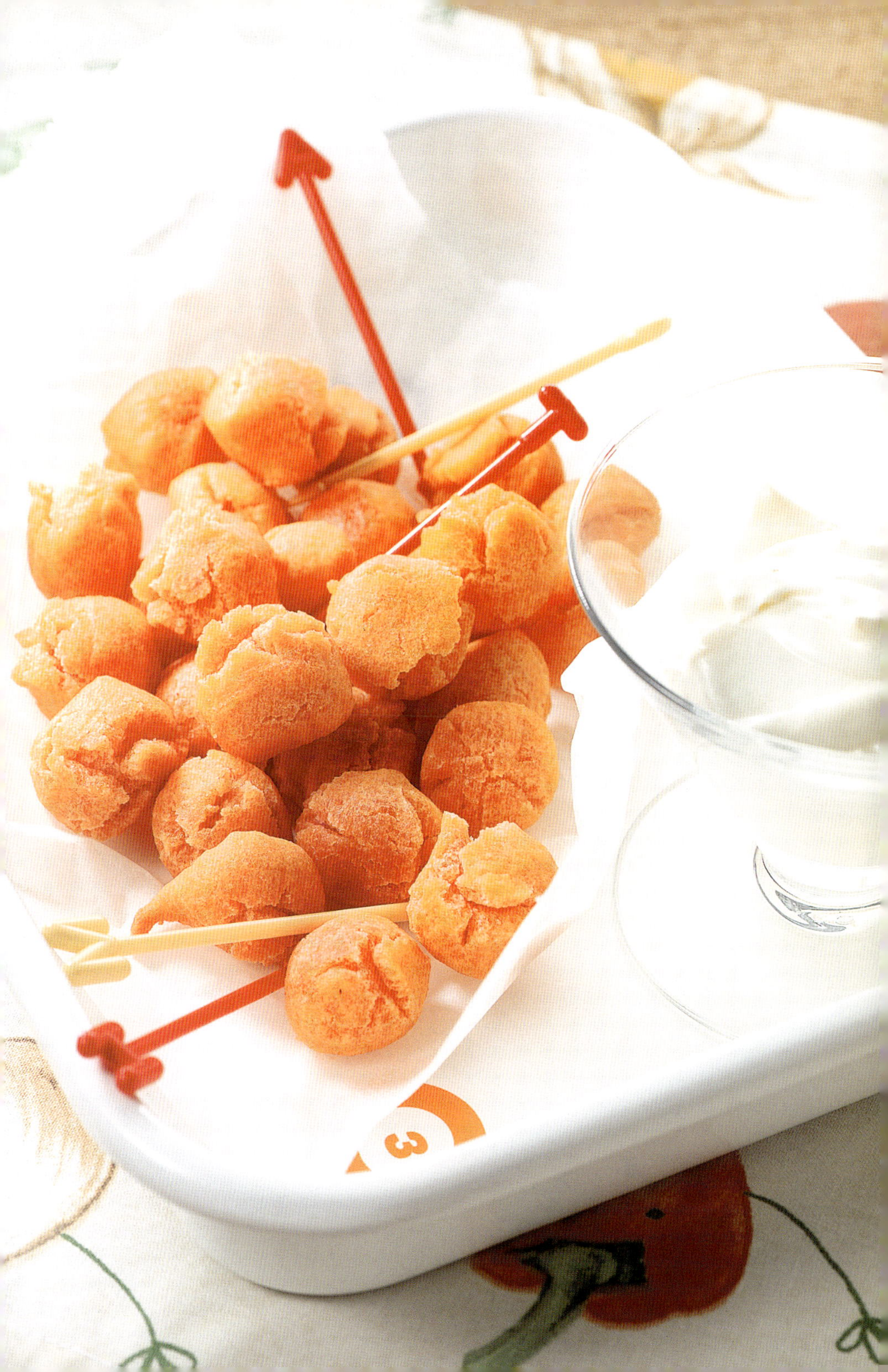

デザート&ドリンク

ほのかな酸味で甘さすっきり

トマトミルクレープ ピューレー

生地にトマトピューレーを練り込んで焼いたクレープを、何枚も重ねた少し甘酸っぱいケーキです。紅白の層になった断面もきれいです。

材料（クレープ生地24枚分）

薄力粉　180g
砂糖　30g
卵　4個
A ┌ トマトピューレー　1/2カップ
　└ 水　1 1/2カップ
バター　大さじ2
サラダ油　適宜
B ┌ 牛乳　2カップ
　│ 小麦粉　大さじ5
　│ 砂糖　140g
　│ バニラエッセンス　少々
　└ 卵黄　3個分
生クリーム　1カップ
砂糖　大さじ4

作り方

① ふるった薄力粉に砂糖と卵を入れ、Aを少しずつ加えながら泡立器で混ぜる。なめらかになったら溶かしバターを加え混ぜ、ラップをして休ませる。

② Bの材料でカスタードクリームを作る。鍋にふるった小麦粉と砂糖を入れ牛乳の一部で溶き混ぜ、卵黄を加え残りの牛乳を徐々に加えガーゼでこして鍋に入れ、火にかけた後、冷ましてバニラエッセンスを加える。

③ フライパンに油を熱し、弱めの中火で生地を焼く。おたまの半量の①を流し入れムラなく広げる。周りに焼き色がついたら布巾にのせて冷ます。

④ 生クリームに砂糖を入れ八分立てにする。

⑤ クレープの上面にカスタードクリームを薄く塗って上にクレープを重ね、上面に生クリームを塗り、交互に重ねる（写真）。

Cooking Memo

クレープを焼く前に生地にラップをして、30分〜2時間は休ませましょう。そうすることで生地が伸びやすく、破れにくくなります。

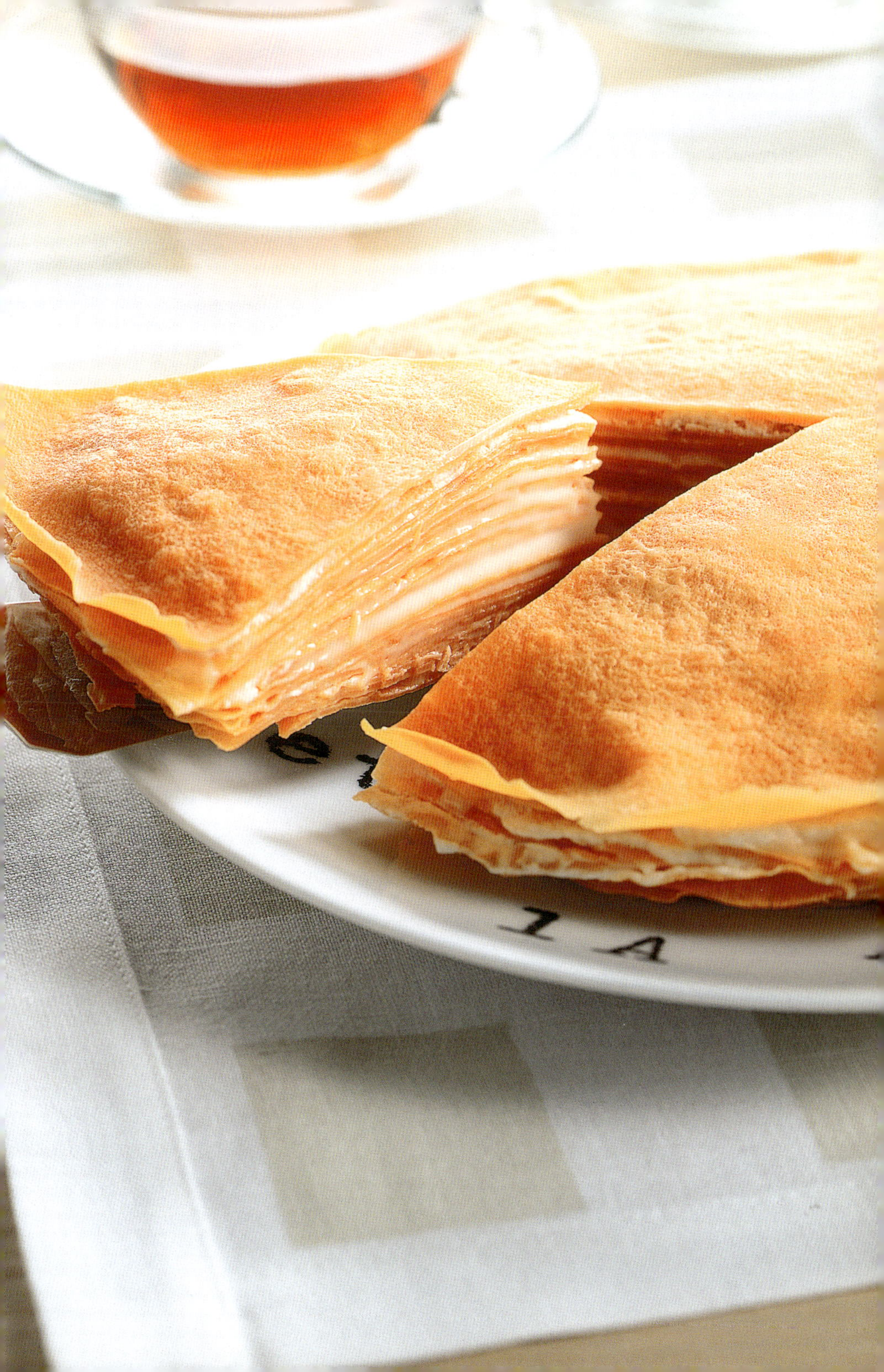

デザート&ドリンク

ほのかな酸味で甘さすっきり

トマトコンポート ホール

ホールトマトで作るコンポートは、ちょっぴり大人の甘酸っぱさ。
冷たくして、油っこい食事の後などに食べると、後味もさわやかです。

材料（4人分）
- ホールトマト　2缶
- 赤ワイン　1カップ
- A
  - グラニュー糖　1/2カップ
  - オレンジ果汁と皮　1個分
  - シナモンスティック　2本
  - クローブ（ホール）2粒
  - カルダモン（ホール）2粒
- コアントロー　1/4カップ
- ミント　適宜

作り方
① ホールトマトはザルにあけトマトとジュースに分ける。
② 鍋に①のジュースと赤ワインを入れ、半量になるまで煮詰める（写真）。
③ ②にAとトマトを加えグラニュー糖を溶かす。
④ アルコールを飛ばしたコアントローを加え粗熱がとれたら冷蔵庫で冷やす。
⑤ 器に盛り、ミントを飾る。

Cooking Memo
トマトを入れてから煮詰めると崩れてしまうので、ジュースとワインだけを先に煮詰めてから、トマトを加えましょう。煮詰めることで味が濃厚になります。

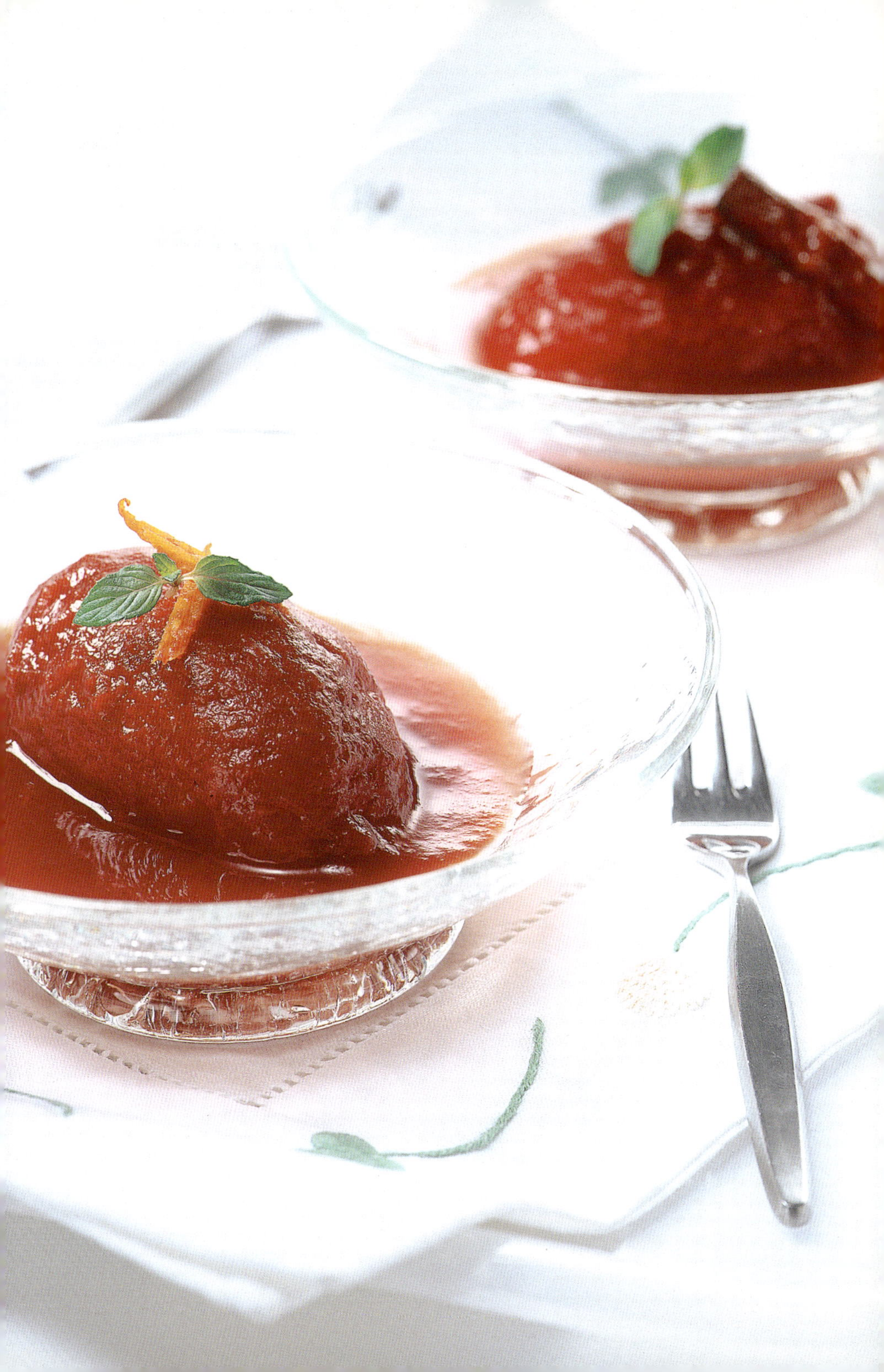

デザート&ドリンク

ほのかな酸味で甘さすっきり

トマト・マチェドニア *ジュース*

季節のフルーツやアイスクリームも、プチトマトとトマトジュースで甘さひかえめのデザートに。
プチトマトは冷凍すれば、皮がむきやすくなります。

材料（4人分）

- プチトマト（赤・黄）各4個
- キウイ　1個
- オレンジ　1個
- バナナ　1/2本
- ブルーベリー　8粒
- バニラアイスクリーム　適宜
- A
  - トマトジュース　1カップ
  - レモン汁　1個分
  - グランマニエ　1/4カップ
  - オレンジジュース　1/2カップ
  - グラニュー糖　大さじ4

作り方

① プチトマトは冷凍し、解凍しながら皮をむく。
② キウイは皮をむき2cm角に切る。オレンジは皮をむいて房から取り出し、2cm幅に切る。バナナは2cm厚さのいちょう切りにする。
③ Aをボウルに合わせ、プチトマト・バナナ・アイスクリーム以外の材料を入れ冷蔵庫で冷やす。
④ ③にプチトマトとバナナを加え器に盛り、アイスクリームをのせる。

トマトとベリーの フローズンドリンク

ピューレー

冷たくて甘酸っぱいドリンクは、後味もすっきり。イチゴやベリーにはちみつをからめて、冷凍しておくのがポイントです。

材料（4人分）

イチゴ　200g
ラズベリー　50g
ブルーベリー　50g
A ┌ トマトピューレー　1/2カップ
　 │ レモン汁　大さじ1
　 └ 砂糖　大さじ4
プレーンヨーグルト　1 1/2カップ
はちみつ　大さじ5

作り方

① イチゴはへたを取り縦半分に切る。ラズベリーとブルーベリーを合わせ、はちみつをからめる（写真）。
② Aを合わせておく。
③ ①②をそれぞれ冷凍しておく。
④ ミキサーに③とヨーグルトを入れ攪拌する。

トマト加工品の保存方法と賞味期間

　トマト加工品は、開栓前は常温保存で構いませんが、一度開けたものは必ず冷蔵庫に入れましょう。特にジュースやピューレー、ペーストは変質しやすいので、できるだけ早く使い切ることをおすすめします。残った場合は、フリージングパックや陶器、ガラス器などに移して冷凍保存しておきましょう。また、ケチャップは、ビンやキャップの口を拭き、しっかり栓をして冷蔵庫へ入れましょう。

● トマト加工品の賞味期間

	開栓前	開栓後
トマトジュース（缶詰）	常温　2～3年	冷蔵庫中　1日
トマトケチャップ（ビン詰）	常温　2～3年	冷蔵庫中　30～40日
トマトケチャップ（プラスチック容器）	常温　1.5年位	冷蔵庫中　30～40日

　トマトに含まれる注目成分・リコピンは、光の当たるところほど早く失われるという性質があります。栄養分をより多く保持し、美味しく食べるためには、生野菜の鮮度や保存に気を配るのと同じように、開栓後のトマト加工品にも気を配ることが大切です。

＜編集協力＞

　本書の制作にあたり、社団法人 全国トマト工業会より、トマトとトマト加工品に関する資料提供やメニューについての貴重なアドバイスをいただきました。
　全国トマト工業会では、トマト加工品の品質向上、安定供給、普及啓蒙のため、多彩な活動を行なっています。

社団法人 全国トマト工業会ホームページ
http://www.japan-tomato.or.jp/

著者紹介

赤堀　博美（あかほり　ひろみ）

日本女子大学・大学院家政学研究科食物栄養学専攻終了。同大学家政学部食物学科で講師を務めながら、フードコーディネーターとしてテレビ番組やCM、食品メーカーのメニュー開発を数多く担当。さらに、赤堀料理学園、赤堀フードコーディネータースクール副校長、管理栄養士として講習会やテレビ番組などで栄養指導を行なっている。著書は「紅茶の味のお菓子」「しっとりシフォンケーキ」（世界文化社）、「子どもが喜ぶお酢すめ料理」「家族にやさしいお肉レシピ」「保温調理でおまかせクッキング」「レモンさわやかクッキング」（素朴社）などがある。

編　集　協　力　　全国トマト工業会
装丁／デザイン　　前田　寛
撮　　　影　　　　古島万里子

リコピンパワー美味しい活用レシピ
トマト大好き！ 健康生活。

2003年8月30日　　第1刷発行

著　者　　赤堀　博美
発行者　　三浦　信夫
発行所　　株式会社　素朴社
　　　　　〒150-0002　東京都渋谷区渋谷1-20-24
　　　　　電話：03(3407)9488　　FAX：03(3409)1286
　　　　　振替　00150-2-52889
印刷・製本　モリモト印刷株式会社

©2003 Hiromi Akahori. Printed in Japan
乱丁・落丁本は、お手数ですが小社宛お送り下さい。送料小社負担にてお取替え致します。
ISBN 4-915513-75-0 C2377　価格はカバーに表示してあります。

心と体の健康のために…

女性のたちの圧倒的支持を受けている「女性専用外来」と頼れる各科の女性医師たちを紹介

女性のための安心医療ガイド

医学博士 **天野恵子** 監修　A5判／定価：本体1,400円（税別）

女性のクオリティ・オブ・ライフを考慮に入れた医療に積極的な施設や新しい女性医療を目指す病院・女性医師を紹介する好評のガイド・ブック。

＜主な内容＞
- 第1章　女性医療、性差に基づく医療とは？
- 第2章　女性の心と体のこと、各科の先生に聞きました
- 第3章　「女性専用外来」「性差医療」に取り組み始めた医療機関
- 第4章　全国の頼れる女性医師たち

ドクター・オボの こころの体操
あなたは自分が好きですか

オボクリニック院長 **於保哲外**

対人関係や社会との関わりは、自分自身をどう見るか、自分をどこまで評価できるかという「自分関係」で決まると著者は語る。「人間を診る」医療を心がけている著者のユニークな理論と療法は、こころと体を元気にしてくれる。

四六判 上製／定価：本体1,500円（税別）

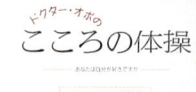

ストレスも不景気も笑い飛ばして生きようやないか！！

笑いが心を癒し、病気を治すということ

関西大学教授／日本笑い学会・会長 **井上 宏**

免疫力を高め、難病まで治してくれる笑いのパワーは、人間を元気にしてくれると同時に社会の毒素をも吹き払ってくれる。閉塞感漂う現代にこそ笑いが必要だと著者は語る。

四六判／定価：本体1,300円（税別）